会讲故事的童书

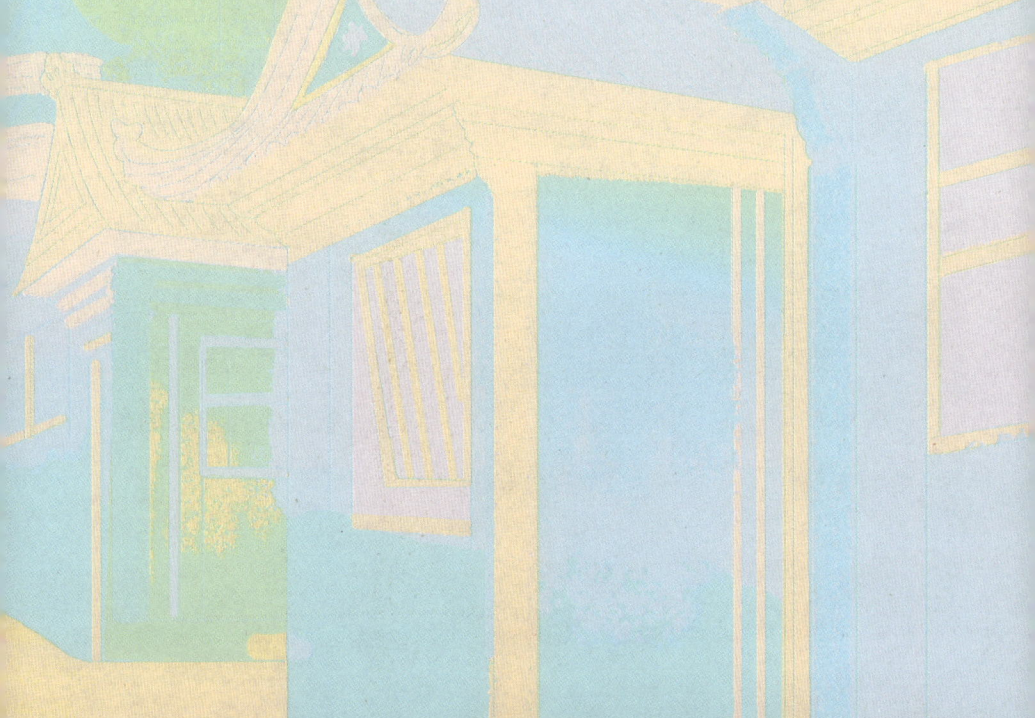

历史少年

我在秦朝当士卒

明小叔 著

光明日报出版社

图书在版编目（CIP）数据

我在秦朝当士卒 / 明小叔著 . -- 北京：光明日报出版社 , 2024.3
（历史少年）
ISBN 978-7-5194-7723-3

Ⅰ．①我… Ⅱ．①明… Ⅲ．①风俗习惯史—中国—秦代—少年读物 Ⅳ．① K892-49

中国国家版本馆 CIP 数据核字 (2024) 第 031823 号

梗概

　　穿越到秦朝的子六和子满被征发去修郑国渠，在当苦力的时候，楚国春申君组织六国联合起来攻打秦朝。他们被征入伍，参加了反击战，因为军功，被选入皇家近卫军，成为羽林卫。嫪毐造反，羽林卫护王平乱，子六成为羽林郎。吕不韦势大，秦王派子六携鸩酒去监督吕不韦自杀。六国的反秦活动此起彼伏。子六和子满在不断的历练中成为秦王最贴身的保镖。荆轲入秦，意图行刺，获得消息的子六决定将计就计，致使荆轲失败被杀。秦王统一六国，称始皇帝。始皇帝役使百姓大修陵墓，并以子六和子满为模范，制造兵马俑。为了控制庞大帝国，子六被派往北方监修长城，子满被派往南方监戍百越。始皇帝肆意求仙，民怨沸腾，最终崩于沙丘。他死后，胡亥在赵高的支持下抢班夺权，派人到长城赐死长子扶苏、蒙恬，又派人往五岭，赐死守将屠睢。子六和子满潜回咸阳。子六再次混入羽林卫，伺机刺杀赵高。他救下扶苏的儿子子婴。赵高诛杀胡亥。子婴和子六合谋杀死了祸乱国家的赵高。项羽率军进入咸阳，打算烧掉咸阳宫。子六和子满为了保护始皇帝遗产，坚决反对，并召集老一辈羽林卫起来保卫咸阳宫。项羽火烧咸阳宫，子六、子满组织咸阳百姓到渭河汲水救火。项羽大怒，派人逮捕子六和子满，把他们投入渭水河……

目录

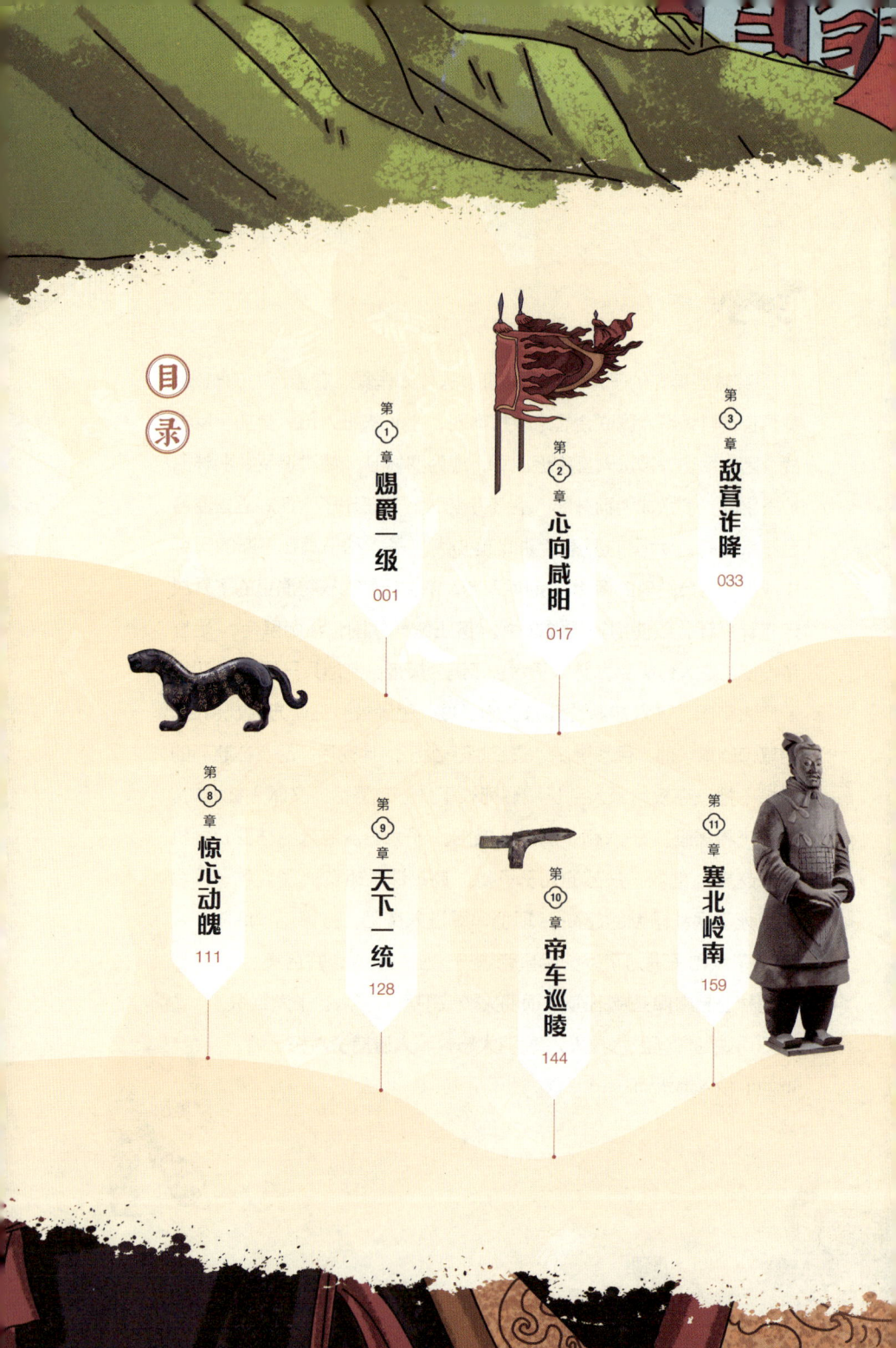

第 1 章 赐爵一级 001

第 2 章 心向咸阳 017

第 3 章 敌营诈降 033

第 8 章 惊心动魄 111

第 9 章 天下一统 128

第 10 章 帝车巡陵 144

第 11 章 塞北岭南 159

第 ④ 章 鸩杀仲父 047

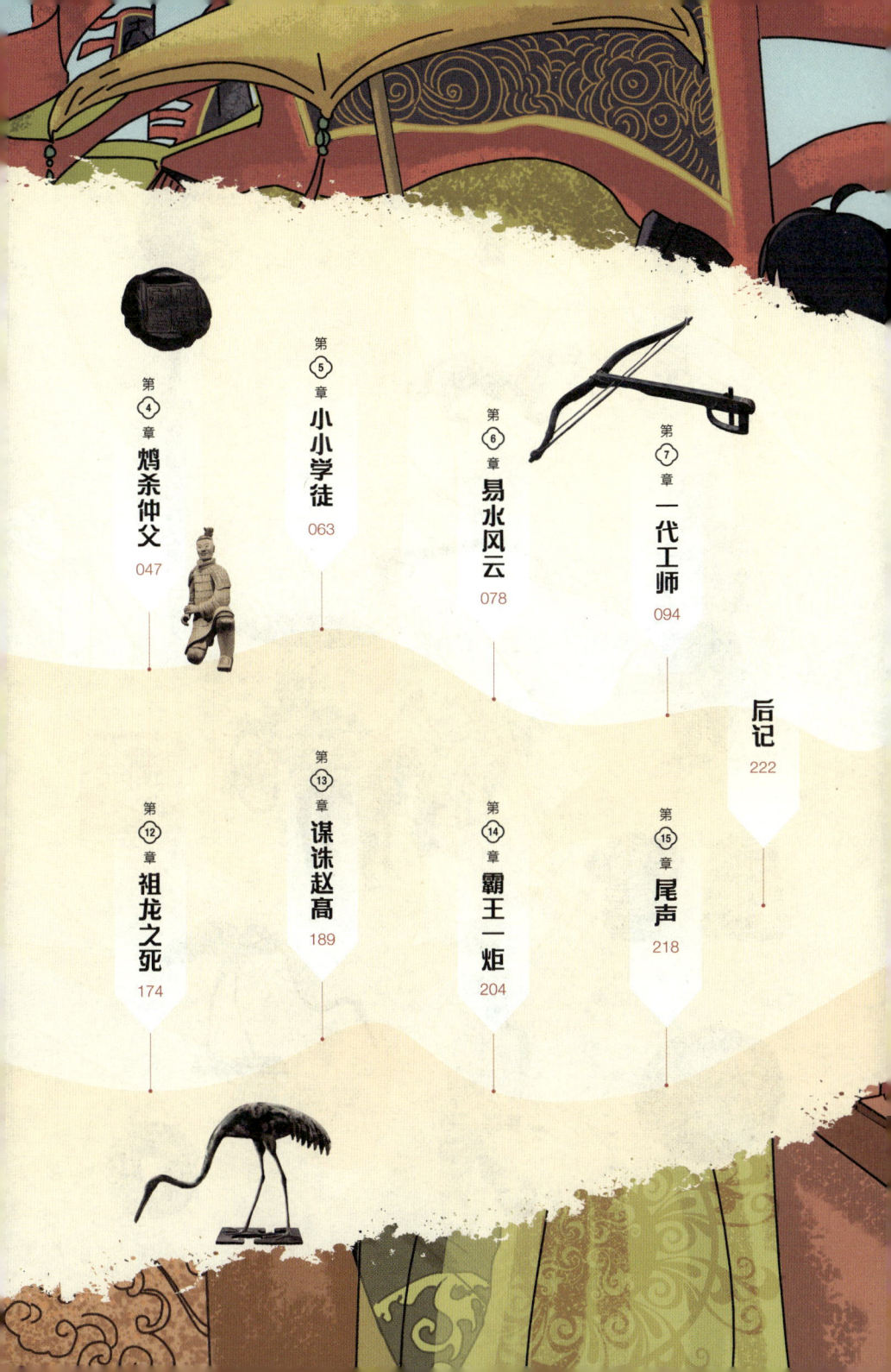

第 ⑤ 章 小小学徒 063

第 ⑥ 章 易水风云 078

第 ⑦ 章 一代工师 094

第 ⑫ 章 祖龙之死 174

第 ⑬ 章 谋诛赵高 189

第 ⑭ 章 霸王一炬 204

第 ⑮ 章 尾声 218

后记 222

博物索引

里耶秦简 012

秦青铜戈 020

石博凳 054

虎符 058

秦青铜剑 086

秦弩 098

将军俑 070

铜车马 099

传国玉玺 122

"受命于天,既寿永昌"（摹秦图）

石质铠甲 102

青铜鹤 153

秦封泥 140

秦始皇兵马俑 152

秦直道 171

半两钱 186

第 1 章
赐爵一级

①

洞庭郡是大秦王朝的新设郡,管理洞庭湖河网密布的土地和人民。这里本是楚国的地盘,但由于楚国在与秦国的交锋中接连失利,使得这片区域成为秦国的新国土。

洞庭郡辖下,处于酉水河畔的迁陵县风光秀美,在战国末期风起云涌的秦楚争霸中,从一个与世无争的楚国

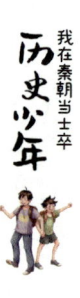

内地小县，摇身一变成为秦楚争霸的前线。

世外桃源一般的小镇里耶就坐落在妩媚秀丽的酉水河畔。

初夏时光，几名穿戴齐整的当地里正，带领着百姓，正在路边等候迎接从县里来的县尉。据说有重大的事情宣布。

酉水河静静流淌，野花在两岸肆意地疯长。

县尉到了，下了马，向乡亲行了礼，朗声说："父老！我此次来里耶，两件事。一件事，昭告新秦王登基，另一件，要兴徭到咸阳去，年十二以上起行，为期九个月！"

县尉的话还没说完，早有人递过去清洌的凉水。县尉咕咚咕咚喝了几口，用袖子抹了抹嘴，被里正拉着在酉水河边的一块大石头上坐下。

里正一脸的笑，望了一圈乡亲，摆了摆手，示意他们安静下来，然后问："大人，你可得给咱们说说这位新秦王，我们可早就听说了，来历不凡啊！"

"那是当然，咱们这位新秦王，年纪不过十三岁，叫嬴政。"县尉说到此赶紧摇了摇头，"呸呸呸！让你们给催的，竟然把君上的名字脱口而出了，真是该死。君上英武聪慧，打小就在赵国的国都邯郸居住。先王跟相邦吕不韦大人先从赵国回来，把这孤儿寡母留在邯郸，后来费了好大一番周折，才使君上回到咸阳。如今十几岁年纪继位，天资英睿，好不叫国人振奋。君上尚小，国事都由相邦处理。"

有个父老问道："这个相邦是不是咱秦国人，能不能对君上好？"

县尉一咧嘴："小家子气！秦国自孝公以来，主政的何尝都是咱秦人，商鞅、张仪、魏冉、范雎……都是六国来的，大部分是客卿起家，可不耽误给咱大秦立下汗马功劳。父老们想想，要是没有商君变法，能有咱大秦的今天吗？别看我是个小小的县尉，可我也知道大秦的强大绝不是关起门来自己琢磨出来的，而是历代先王重用六国人的结果，你们说一说，是不是这个理？相邦吕不韦跟商君一样是卫国人，在邯郸经商。先王在赵国做人质时，结识了吕不韦。吕不韦帮先王返回大秦做了大王，先王自然投桃报李，举国托付给他，还让咱们君上认他做仲父。你们说说，这几重关系下来，相邦是不是秦人又有何妨？"

父老们纷纷表示赞同。

县尉望了望围着他的人，脸上洋溢着笑容，说道："里正啊，看到里耶乡这么多青壮男丁，我打心眼里高兴。现在大秦要跟六国开战，战事、工程哪一样离得开青壮劳力？就拿这次兴徭来说吧。从韩国来了一个叫作郑国的大工程师，据说要帮咱大秦兴修水利，让咸阳城旱涝保收，让关中平原成为大秦的粮仓。"

里正有些不解地问："修造水渠本是国家大事，按理说不该质疑。可是迁陵县也要服徭役，而且时间这么长，一旦楚国发难，临时募兵可就困难了。"

"您老的担心不无道理，可是国家早有部署，大可放心，只管执行国策就是！这次修渠功在当代，利在千秋，可比打仗重要。为了动员各郡县发徭，君上和相邦已颁布诏令，凡参加修渠工程的青壮劳力一律赐爵一级，起身就是公士了！"

在军功至上的时代，上战场杀敌才能封爵拜官，如今不用冒生命危险，只是参加工程营造就能授予公士爵位，这可是天上掉馅饼的好事。于是，小伙子们纷纷撸胳膊挽袖子，当场踊跃报名。县尉让书办一一记录在案。

我跟子满也在人群里呢，听了半天是去修渠，顿感泄气。我们在商朝可是风光无限的巫师，面对的都是不可一世的君王，没想到穿越到了秦朝，竟然跟县尉、里正这些

小官打交道，真是提不起精神来。

县尉的两个随从，过来喝问我俩："你们两个怎么躲躲闪闪，不踊跃报名？"

子满一脸不屑地说："你睁开眼睛好好看看，我岁数还小，还不到发徭的年龄。"

我老弟说得没错，可能因为我们是现代人，比古代秦国的同龄人貌似偏大偏高。所以说，个子看着够了，实际年龄可能还不到发徭的标准。

可随从不这么认为，他恶狠狠地说："逃役可耻，你个子都这么高了，还敢说不够发徭年龄，你当我们的眼睛是摆设吗？"

我心里一动，跟子满说："修渠总比当兵好，而且是去咸阳，那可是大都会。"

子满一想也是，于是改口说："报名！踊跃报名！不但我去，我老哥也去！"

他朝我指了指，大家立刻看向我——我当时刚穿越过来，衣服没得换，脸没得洗，身上的衣服被烧得破破烂烂，脸上熏得黢黑。子满不是外貌协会的,我可是!我立刻害羞了,双手捂着脸:"子满,你混蛋,我说过我不去吗?成心让你老哥丢脸是不是?找打!"

父老们一片哄笑。

②

"1,2,3,4……41,42,43,44!"报名发徭的乡亲排成排,开始报数。

县尉点完数了,腆着肚子,脸上既含着威严,又努力地表现出和蔼可亲,说道:"各位公士!你们现在是有爵位的人了,有爵位就要争取更高的爵位,我大秦封爵二十级,公士不过是个开头,通过你们坚持不懈的努力,换个大良造当当,那才叫光宗耀祖呢!"

有一个戍卒揶揄道:"干到死也混不上个大良造!大良造岂是谁都能当的?"

县尉嗤之以鼻,说道:"没出息!你还没努力过,怎么知道当不上?当初商君从魏国来,只是因为孝公的一纸求贤令,来时不过是个客卿,可人家在咱们大秦推行变法,使大秦从一个弱国变成一个能跟东方六国抗衡的强国,后来不是当上了大良造，甚至还有了封地和封号呢？"

"世上有几个商君？"

"那可是我们的榜样！"县尉脸上洋溢着无限钦服，"不过，千里之行始于足下，我们当下要做的就是准备上路，从公士开始奋斗！给你们一天准备时间，明天鸡鸣点卯，平旦整队，日出进食，凤食出发！记得带上辩券！"

散队后，子满摇头不止，问我："老哥，点卯不应该在卯时吗？怎么会鸡鸣点卯呢？日出吃早饭，那凤食又是怎么回事？搞得我头晕，日出到底给不给饭吃啊？"

我没好气地说："你就知道吃！我们穿越到了大秦朝，从醒过来到现在水米未进，现在谈吃的真的合适吗？"

"现在希望就寄托在明天早饭上，所以我要弄清楚明天的早饭到底什么时候吃！"

"也是，那我告诉你吧，老弟，秦朝施行十六时制：平旦、日出、凤食、暮食、日中、日过中、日则、日下则、日未入、日入、昏、夜幕、夜未中、夜中、夜过中、鸡鸣。白天11个时辰，夜晚5个时辰，每个时辰相当于现代的1.5个小时，一个时辰又分为10刻。那么，聪明的老弟，你算算看，咱们明天早饭应该是几点吃？你老哥已经饿昏头了，没力气做算术题。"

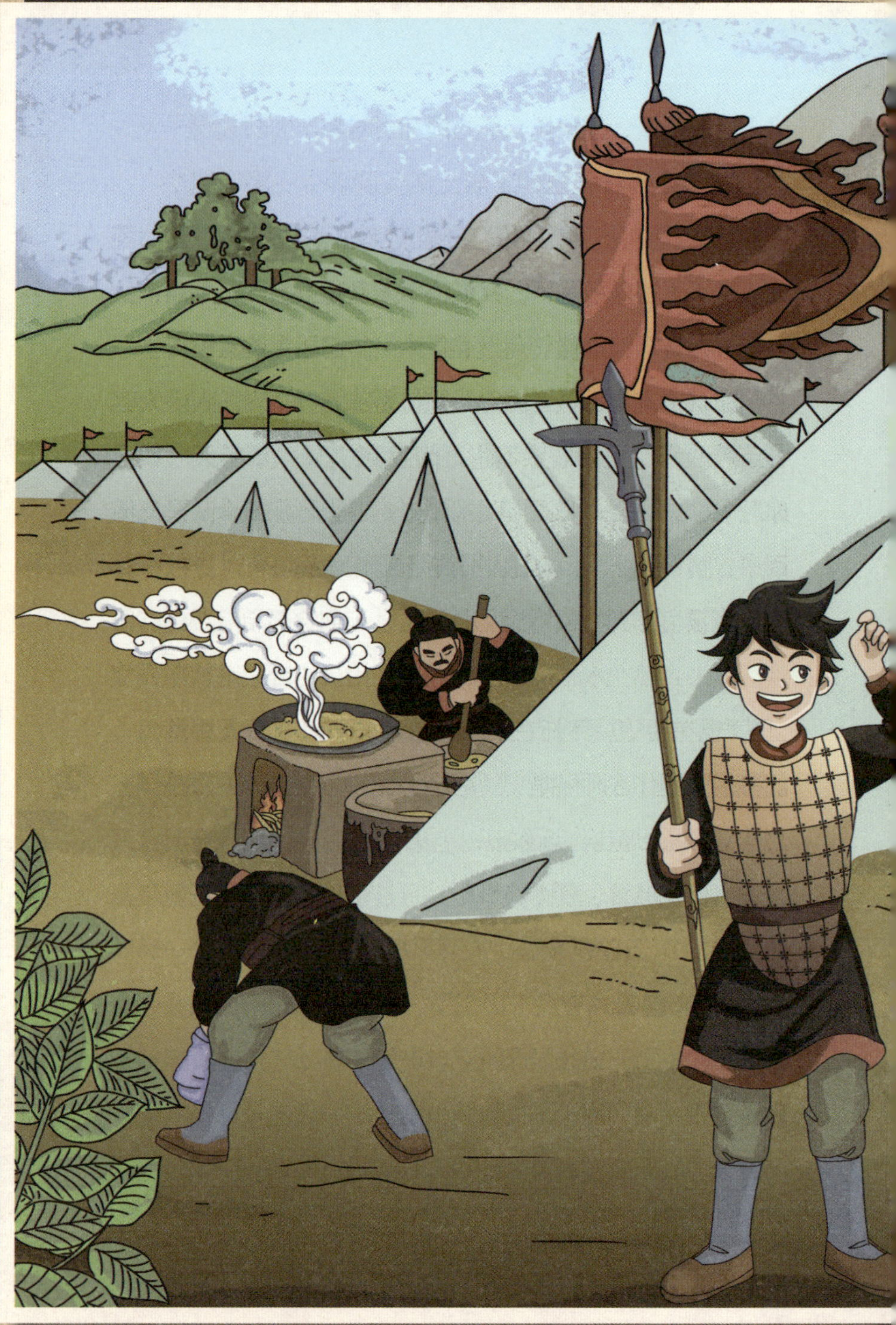

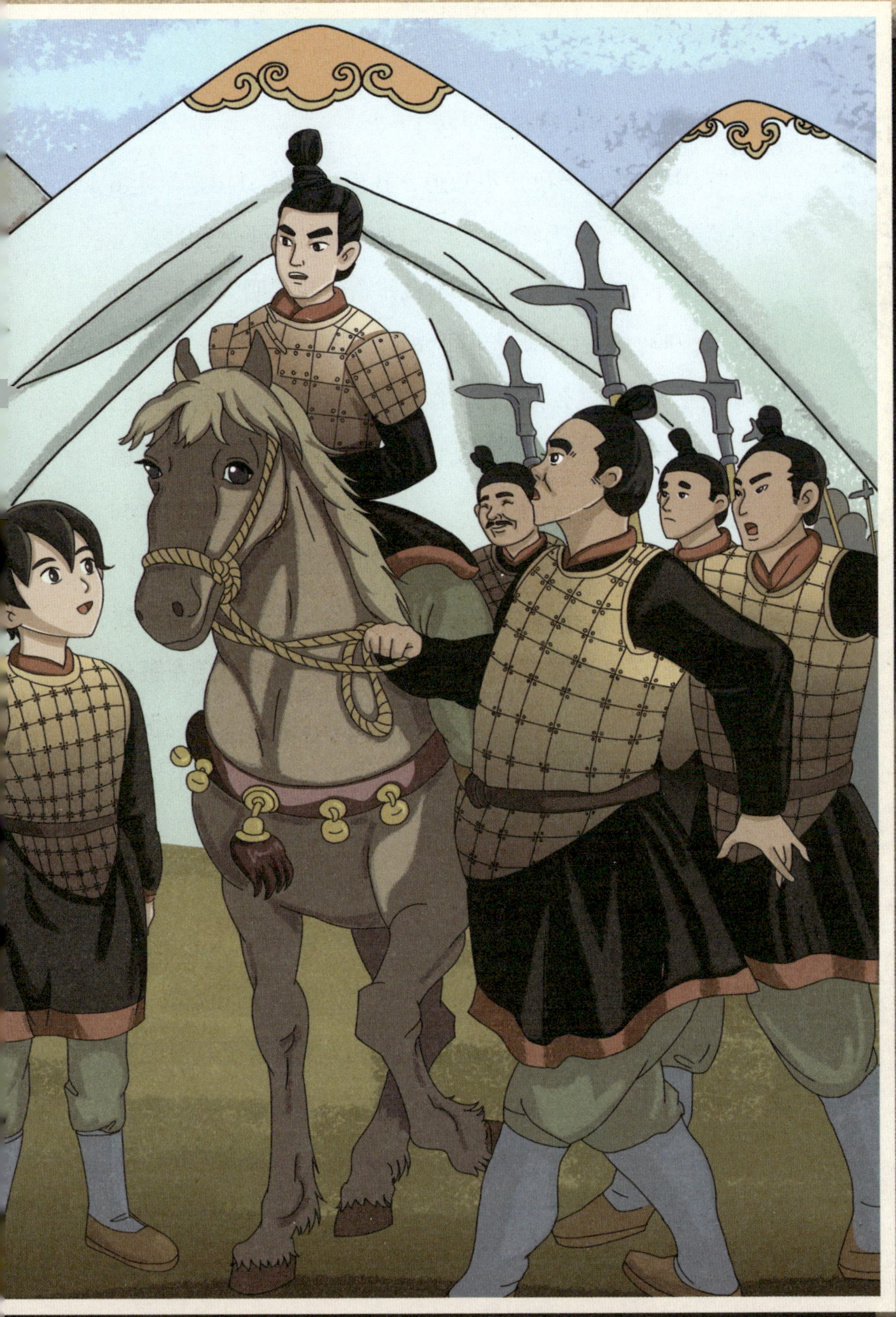

"老哥，夜中应该就是半夜了？"

"夜中是不是半夜我不知道，我就告诉你日出是早上6点钟。"

"老哥，你太伟大了，这不就是告诉我，明天早上六点钟吃早饭吗？现在到明天早上6点钟还有将近20个小时。额滴神啊，还有这么长时间才能吃上饭呢，那还不得把咱们饿死啊！老哥，赶紧想想办法，活命要紧，要不然这爵位也白赐了！"

"我难道不知道活命要紧吗？以咱们现在的情况，困难大了去了。首先，我们为了给朝廷修渠，先要向朝廷借粮，然后还要准备装备，就是戍卒的配置，包括衣服和武器……"

"等等，老哥，你的意思是咱们贵为公士，出发前还得先举债？"

"不然呢？不举债，恐怕再过两个时辰咱们就得饿死！"

"天下之大，无奇不有。我从来没听说过为国出力还得举债的。"

我十分严肃地告诉他："大秦就是这样的情况，不但咱们，同行的42名公士当中，需要借粮借钱的恐怕不在少数。"

"我出去兜一圈，看看他们什么状况。"子满以为我在唬他，真的出去转了，不过他很快就回来，气喘吁吁地跟我说："老哥，你真神了，大部分公士要不就是在借粮的现场，要不就是在借粮的路上，你怎么知道他们要借粮借钱啊？"

我瞪了他几眼："这里是哪里？"

"迁陵县里耶乡。"

"对啊，里耶乡啊，你还记得我们有一次去参观里耶秦简的展览，那些竹简里就记载了戍卒借钱借粮去为国家服徭役、兵役的事。当时让你好好看，你非得东蹿西跳的，只对那口出土了竹简的古井感兴趣。"

"那我们怎么办？"

"还愣着干吗，赶紧去排队借粮、借钱啊，要不然明天就得饿着肚子上路了！"

"好，我去排队，对了，老哥，还有辩券是什么东西啊，我可从来没听说过！"

"辩券就是大秦的身份证。你去借钱粮，我去找里正办身份证！想咱们兄弟在大商是多么的荣耀，如今莫名其妙地成了一个小小的公士，还得自己搭钱搭粮去干苦力，苍天啊，难道是咱们没有帮助妇好完成遗愿，她要惩罚咱们吗？"

子满安慰我说："老哥，别瞎想了，可能我们另有天命或任务，我觉得县尉说的有道理，咱们也争把气，混个大良

里耶秦简

里耶今属湘西土家族苗族自治州龙山县。里耶出土的秦代简牍包括里耶古城遗址一号井出土的38000余枚和2005年12月出土于北护城壕11号坑中的51枚简牍。

里耶秦简内容丰富，涵括户口、土地开垦、物产、田租赋税、劳役徭役、仓储钱粮、兵甲物资、道路里程、邮驿津渡管理、奴隶买卖、刑徒管理、祭祀先农以及教育、医药等相关政令和文书，公文中的朔日干支是研究秦汉时期历法的重要依据，数量众多、内容详备的公文形式，为研究秦汉公文制度打开了新的窗口。

秦简的整理结果已经证明，它不但是一本秦代的百科全书，更为我们了解秦代历史，提供了一个百科全书式的实录，提供了一个全息式的思维空间。

现藏于湖南湘西里耶秦简博物馆。

造干干，多威风啊！"

"快去借粮吧！美事想多了，不耗费能量吗？"

③

我真不想告诉老弟一个严酷的现实：秦朝军功封爵一共二十级，从最低级的公士算起，往上依次是：上造，簪袅，不更，大夫，官大夫，公大夫，公乘，五大夫，左庶长，右庶长，左更，中更，右更，少上造（少良造），大上造（大良造），驷车庶长，大庶长，关内侯，彻侯。

使大秦国变强的大名鼎鼎的卫鞅，也就是商鞅，主持变法伊始，就是以客卿身份总领国政，后来以左庶长的身份变法图强，最高做到了大良造。后来因为变法有功，孝公封他在商於郡，因此又称为商君。以商鞅盖世之功，最高才封到大良造——第16级爵位，普通人怎么可能超越商鞅呢？

在大秦，普通老百姓能够获封五大夫已经是奇迹了，五大夫以上的爵位，没有宗室背景或建立奇功是不可能获得的。

从公士到五大夫的路异常难走，不是没人实现过，而是

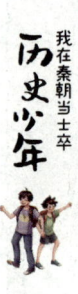

实现的人少之又少。

当我把这种情况告诉我可爱的弟弟的时候，他的乐观主义精神再次感染了我。他说："老哥，咱不着急，咱们从公士做起，先混个五大夫再说！"

也是，在商朝我们也没想到能够加入巫族，可是我们不是光明正大地加入巫族，还干了几件大事吗？我们在大秦难道就没有用武之地吗？况且大秦正处于统一六国的关键时期，正是我们哥俩建功立业的大好时机。

想到此，我因饥饿而发瘪的肚皮似乎充实起来，也有了精神头。我精神抖擞地站起，走向里正的家。里正非常乐意地为我们办理了辩券。

辩券是一片竹简，上面用秦篆写着：

迁陵县里耶东门里公士子六，年十五，长六尺八寸，无舍赁居，不详其移居里耶缘故，入里三门，大槐树下居住，任者里正喜。

子满的写的是：

迁陵县里耶东门里公士子满，年十三，长六尺五寸，无舍赁居，不详其移居里耶缘故，入里三门，大槐树下居住。任者里正喜。

不要以为身份证是现代社会的发明。大秦就有了身份证制度，不过名称叫作辩券。上面这两张辩券，就是我跟子满通行秦国的证件，上面写明了籍贯和居住地，甚至还要写明有没有自有房屋，何时来此居住，要是外来户还得注明保人，对于我们哥俩来说，保人就是这个叫"喜"的里正。

等我把辩券开回来，子满也背着粮食和几串铜钱回来了。

他向我汇报情况："借粮的地方有个官员称作署君子，名叫黑头，他负责组织我们这些公士上路，我到了那里，签了借据，领了钱粮，定准了明天进食和出发的时间，然后他又告诉我置办武器和铠甲的地方，我就回来了。"

"正好，我做饭，你去置办装备！"

子满一想到一会儿就能吃上香喷喷的饭菜，乐呵呵地置办装备去了。我做好了饭，等他回来吃。我俩吃得那叫一个不亦乐乎，就像几百年没吃过东西似的，狼吞虎咽，分分钟杯盘狼藉，饭菜席卷一空。

吃饱了睡觉，一想到要到咸阳去，虽说是去服徭役，可心里还是充满了期待。那毕竟是秦国最大的都城，能够去咸阳城游览一番，也不枉穿越到大秦一回。

第二天辰时，署君子开始点卯——县尉完成了发徭任务，已经回归县衙了，剩下的事情交给署君子，由他带领着我们上路。

这名叫黑头的署君子名如其人，皮肤黑中透亮，块头大，说话也大大咧咧的。点完了卯，让我们把铠甲穿戴、整理好，又整饬了武器——铜戈。黑头让我们在吃早饭之前，把铜戈擦亮，检查杆子跟戈是否稳固、协调。

铜戈的杆子不是想当然的一根棍子，而是由数根长细竹竿捆绑在一起的组合杆，又结实又有弹力。杆子上面饰有彩绘，通体涂上黑色或褐色作为底色，然后用产自咸阳的红漆描绘出连续的图案，一般是以大云朵为中心，两侧配以小小的水涡。给人的感觉是颜色时而铺张，时而收敛，在黑褐色中蔓延铺陈，云朵翻卷，勾连延续，总有呼应。

铠甲、铜戈都整利索了，开始吃早饭。早饭硬得很，按惯例应是小米饭加一个肉菜、一个素菜。可是里正为了鼓舞我们，跟几位富户募集了一些钱财，为每位公士增加了一些羊腿肉。另外还有又酸又辣的老秦酒。

酒足饭饱，黑头喝令一声："整队！出发！"

第 2 章
心向咸阳

①

上路了才知道，里耶乡的公士不过是这次修渠戍卒的一个源头，在通往咸阳的大路上，各地的新晋公士纷纷会聚而来，逐渐形成一个超过千人的建制，由二五百主统领。

二五百主下面统领两个五百主；一个五百主下面统领戍卒五百人。下设有五个百将，一个百将统领一百人；百将下面是屯长，屯长领五十人；屯长下面是什长,统领十人;什长下面是伍长,统领五人。伍长是秦军最小作战单位。

大概走了一个月的时间,二五百主的建制才算完备。二五百主作为主帅,具有绝对权威。队伍一边行军,一边训练。行军的时候一丝不苟地行军,训练的时候全副身心地操练。

操练的时候,主要训练两种作战方式。一种是立阵,一种是坐阵。立阵训练目的在于进攻,坐阵训练目的在于防守。立阵为挥戈而进,在运动中用铜戈攻击敌人;坐阵为原地防守,守住自家门户,蹲、跪、趴,灵活自如。

有的小读者脑洞很大,影视作品看得多了,以为战场上各种阵法、战法应有尽有,可真相是,强大如秦军,作战的方式也很传统,没有那么多花样。

秦军作战从坐阵到立阵,相对于步兵而言,无外乎五个动作:立、坐、跪、曲踊、矩跃。

立着的话,膀臂和腿自有招式,或勾拳或踢腿,根据敌人的情况灵活制动;坐着的话,必须是上身坐到脚跟上,也就是上身挨着脚跟的叫"坐",不挨着的叫"跪"或"踞"。无论是坐还是跪,都可以向上下左右四面开弓,腰身一直保持灵活,双手、武器、眼神保持点线一致。

曲踊和矩跃是立和坐之间的中间环节。就是跳起来进攻，动作要敏捷、麻利，不能拖泥带水。教官训练的时候，使用了"绝地而起"这样的字眼，在解释的时候，教官说："你们知道鹞鹰吗，在草丛中潜伏，发现猎物后，突然从大地上腾空而起，直扑猎物，一击即中！"

行军二十里休息一个时辰，秦朝的一个时辰相当于现在的一个半小时，其中饮水休息四十五分钟，操练四十五分钟。一天下来，到了晚上休息的时候，都累得够呛。立姿和踊跃还好说，坐姿和跪姿真是太折磨人。

子满哪受过这样的苦，睡觉的时候抱怨："老哥，看来这五大夫不好挣啊，这一天下来，我这腿也疼，屁股也疼，脚后跟也疼，我恐怕到不了咸阳！"

"这刚训练几天啊，苦日子才刚刚开始！老哥我是经历过的，我升初中，开学前军训过，所以还算有点底子，不过，将来是要上战场的，这个苦不吃，恐怕还要吃大苦头。小命要紧，还是脚后跟要紧，你自己选吧！"我可不是吓唬他，大秦志在一统，战争是少不了的。

子满龇牙咧嘴："我真怀念我在甲骨文藏书室的工作，每日里攻治一些甲骨，研读一下甲骨文，占占卜，多惬意！现在可倒好，出师未捷先举债，战场不到先修渠，这算什么！"

秦青铜戈

通长26.70厘米，援长16.40厘米，胡长12.80厘米，内长10.00厘米，出土于秦兵马俑一号坑。戈为勾啄兵器，秦俑坑出土的青铜戈部分刻画有小篆文字，内容多数是编号，少数带有纪年和督造、制造者等铭文。

现藏于秦始皇帝陵博物院。

"老弟，你太聪明了，我看修渠这事并不简单。这位韩国来的郑大工程师也算是天下闻名的水利专家，他能好心帮助秦国修渠？我看这里面有猫腻！"

"修水渠能有什么猫腻？秦王请他来修的呗！"

"要是请来的倒好，关键是自告奋勇过来的，说是要修通泾渭，大利关中，使关中平原成为天府之国，为此秦王征发几十万的徭役。你想想看，这得花费多少府库之银？秦国现在正四处用兵，这不是雪上加霜吗？"

"老哥，你这是杞人忧天，秦国经过商鞅变法，一百多年来，早已是国富民强，修条水渠至于像你说的那样困难吗？"

"你懂什么！再有钱架不住花销多。武器装备、粮草、官吏开支、各种工程……哪哪都得花钱，听说皇陵也开始修建了，大秦就是印钞机也赶不上这么花啊！"

"老哥，你别说了，你一说花钱我就屁股痛，离咸阳还早着呢，可我们的钱粮都快花光了，花光了还得去借贷，妈呀，等到了咸阳，修不

修渠不打紧，要债的估计就要登门了。"

"傻小子，既来之，则安之，好好训练是正事，打起仗来，保住小命可是第一要义！"

2

经过漫长的行军，咸阳城终于出现在眼前。要说这次修渠之旅，真正能够吸引我的就是这座咸阳城了。

子满望着咸阳城的城门，呆若木鸡，他的表情告诉我，在他有限的人生和见识中，这座城池应该算是拔得头筹。他啧啧称赞："这可比商朝的朝歌威风多了！"

"那还用说！现在距离商朝可有八百多年了，技术水平不可同日而语。"我也忍不住赞叹，"真是一座宏伟壮美之城！这可是秦人九都八迁的结果。要论迁都的水准，秦国跟商朝可是有得一拼。"

"老哥，你快跟我说说，秦国怎么也跟商朝似的迁来迁去的啊？"

"这可就小孩没娘——说来话长了。话说想当初……"

"老哥，你可别卖关子了，我越着急了解咸阳的历史，你越是在那里卖弄！"

"废话,这些知识老爸的书房里都有,你平时不留意,偏偏这个时候着急,我为什么要满足你迟到的求知欲?"

"好哥哥,修渠的时候脏活累活我替你干了,你快告诉我!"

"这还差不多!你小子求知有道,老哥我还算满意。"我望着这座巍然城楼,如数家珍地说,"这秦人原本不是西陲的土著,而是从山东迁过来的。"

"秦人的祖先是山东人?"子满问道。

"你别打岔!我就知道你爱耍弄小聪明。我说的山东人不是你说的山东人!"

"我懵了!"

"懵就对了,我说的山东,是古代的地理概念,山东人是指崤山以东的人,古代把函谷关和崤山以东称为山东,古秦人也是山东人,后来给周天子养马才迁到西陲,跟戎狄杂处。秦人的祖先跟异族周旋,渐渐有了自己的地盘。之后犬戎攻破镐京,周平王把首都迁到洛邑。秦人拥护有功,平王允许他们在原有地盘的基础上扩张、东迁,成为跟山东六国一样的诸侯国。"

"难道之前秦人不是诸侯吗?"

"按理说是,但秦人久处戎狄之间,长期以来被山东人

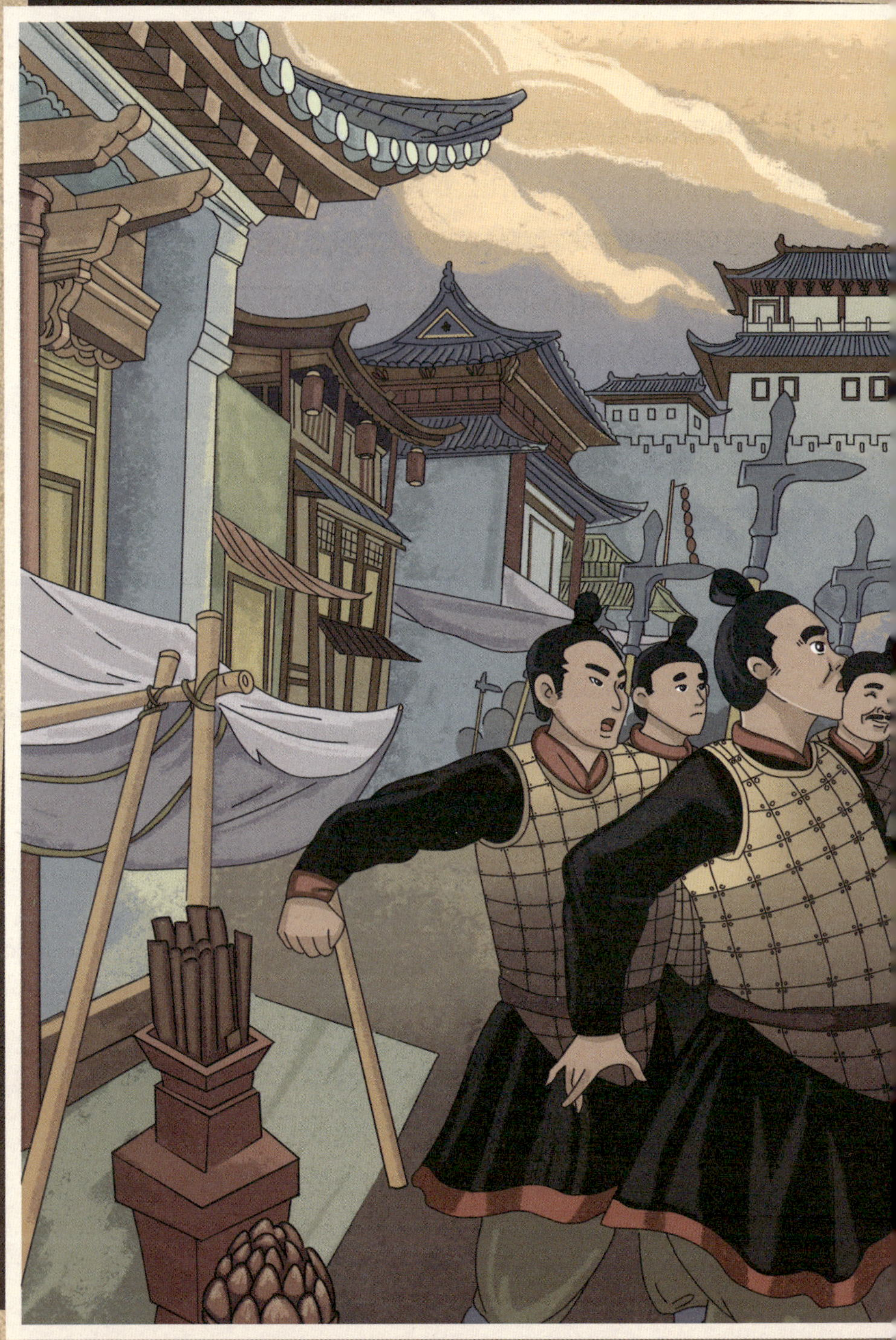

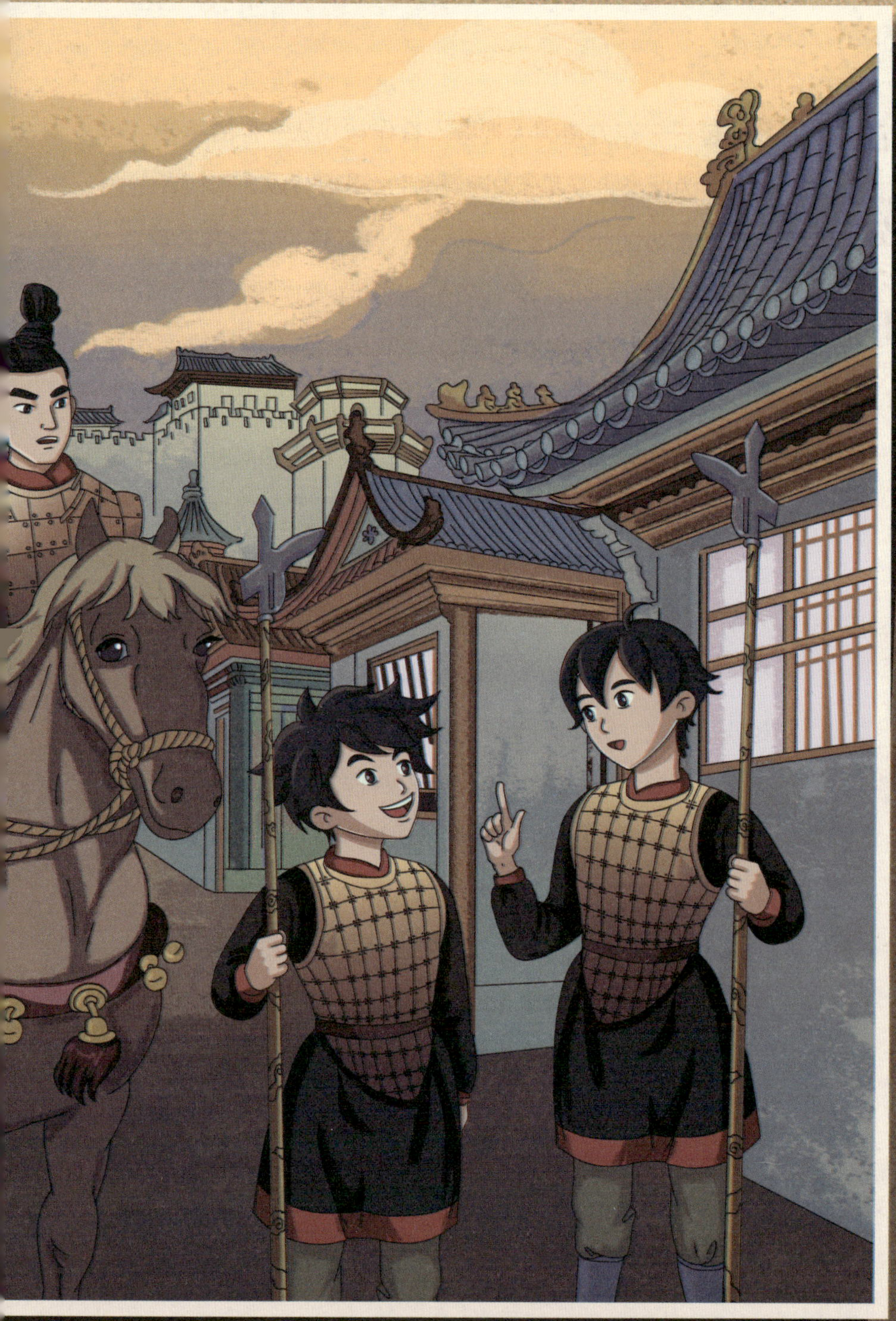

瞧不起——东方诸国人把秦人看作与戎狄一样的异族、野蛮人,为此秦人受尽了屈辱。后来秦穆公成为春秋五霸之一,山东诸国才不敢小觑秦国。但好景不长,穆公死后,秦国接连内乱,再次沦为东方诸国鄙视的对象。这种状况一直持续到商鞅变法的时候。秦人的东进与其说是向东开拓,不如说是东归,因为他们本就是东方人。秦人东归的过程,伴随着国都的九次迁移,到了商鞅变法的时候,才最终选取了咸阳作为统一天下的都城。"

子满追问:"老哥,秦人是怎么九都八迁的?"

"九都八迁是个总结性的说法,就是说秦人总共八次迁都,算上咸阳,一共是定过九都。这九都分别是:犬丘、秦邑、汧城、汧渭之会、平阳、雍城、泾阳、栎阳、咸阳。这九座都城跨越现在甘肃、陕西两省,正是秦人东归的路线。尤其值得一提的是雍城,秦人在此经营三百余载,承载了秦人'饮马河东'的梦想和抱负。共有十九位秦公在此厉兵秣马,挥师东向,秦穆公更是以此城成为春秋霸主,改写了秦人屈辱的历史,威震宇内。"

"那秦人为什么又把都城迁到了别处?"

"当然是形势需要了。秦国东归的进程加速,前线推到了河西,雍城距离遥远,不利于战时决策,再加上后方容易被犬戎、义渠骚扰，因此就迁到了泾阳，后来又迁到了栎阳。"

"栎阳已经是秦国东方战线的前沿了，为什么又要回撤到咸阳建都？"子满在脑子活泛的时候，还是有一定见地的。

"这就跟商鞅变法息息相关了。商鞅变法伊始，他就着意选择新都，选来选去，他还是相中了渭水北岸的广袤坂塬，地势有利于攻守，土地足够广大，水网密集，水运发达，可以营建比栎阳大几倍的城池，因此定名为咸阳，成为秦国的新都城。瞧，就是咱们眼前这座建筑史上的杰作——咸阳城。"

"真了不起！"子满的赞美由衷而发。

是啊，如果谁有幸能够看到战国晚期咸阳城的伟岸和繁盛，那么一定会对那段历史发出由衷的赞誉，那个时代的人民，那个时代的创造者，至今仍让我们佩服得五体投地。

我还告诉子满："咸阳城的营造法天象地，宫殿、道路全部按照天上的星宿来设计，渭河象征银河，皇宫象征紫薇星宫，渭水上架桥以象征牛郎织女两星相会之鹊桥。秦国在咸阳定都大约一百五十载，每一位秦王都着力营缮国都，渭水北岸的土地不够用了，向渭水南岸扩张。房子宫观不够用了，新建扩建。类似于现代的首都副中心、卫星城接连而起。渭水阻碍发展了,就多架桥。到了秦王嬴政的时代,咸阳城已经成为东方第一都城。"

子满一边听我说,一边啧啧称赞不止。

"咱们这位秦王嬴政,更是个基建狂魔,这次的修渠就是证明。我还听说,他对咸阳城有着非常宏大的构思。他在城北建新宫,每灭一国,就要把这个国最有代表性的宫殿复建过来,城内,他要建阿房宫,各大宫殿之间要建阁道,互相连属,好比是天帝的凌霄宝殿!"

"额滴神啊,这得需要多少钱和多少人啊?"

"额告诉你,咱大秦就是不缺钱和人!"

好家伙,飙大秦雅音(陕西话)的感觉真爽!

③

在韩国水利工程师郑国的主持下,修渠工程如火如荼地展开。按照他的构想,他要在秦国修建一条长达三百余里的人工渠,西引泾水东注渭水的支流洛水,告成之日,能够灌溉关中良田四万余顷,使得关中平原成为名副其实的粮仓。

整个水渠全部依靠人工开凿，技术则是传统的夯筑技术。中国的古代建筑，尤其是先秦时期的建筑，砖石瓦块其实是配角，主角则是版筑的夯土——用工具把自然土壤捶打压实。上到皇宫大院，下到老百姓的茅草屋，都离不开版筑夯土。这与西方建筑有很大的差别。

夯土取材广泛，经过重力捶压夯实，土壤之间的空隙被压缩殆尽，土质变得坚实而紧密，用作巨型建筑的地基和承重墙，具有坚固、不易坍塌的效果，经得起漫长时间的检验。一般来说，夯实一层土后，在其上再夯实一层，如此层层累加，直到建筑物蓝图所设计的高度。从外表上看，好像一截一截接起来的，最终形成一堵墙，因此夯土的计量单位是"堵"。

人工水渠的开凿也同样需要版筑夯土技术。渠道挖好以后，要用夯土将其版筑坚实，经得起水流的漫渑和冲刷，这样才能保证水渠不会因为水土的剥离而壅塞，尤其是渠道的底部更需要夯牢，要不然水全渗入地下，水渠的预期效果就会大打折扣。

渠道底部的打夯工作是个大工程，往往是开挖出数里长的渠道后，负责挖掘这段水渠的戍卒都要集中起来打夯，一遍又一遍地夯，直到达到验收标准为止。

打夯是高强度的工作，需要动员的人力少则数千，多则数万。一个二五百主统领一千人为一个梯队，每十个人夯筑一段渠道，什长负责呼喊"劳动号子"，鼓舞士气。整个水渠的修凿场面异常的火爆。戍卒按照籍贯分组，展开了劳动竞赛。渠道上下人头攒动，没有一个人在偷闲。万众一心，齐心合力，"筑之登登，削屡冯冯，百堵皆兴，薨鼓弗胜"的号子响彻大地，戍卒们夹上两边木板，挖土、运土、砸夯，最后修理整齐，等着长官来验收。

关中父老一听说戍卒为了自己的田地能够多打粮食而流汗，纷纷携带清水酒浆来慰问，顺便照顾一下中暑的戍卒。

有一天我们正撅着屁股苦干猛干呢，有流言说："水渠修不成了，郑国被君上下狱了。"

我跟子满说："你看咋样，我早就说这个郑国有问题，他大老远从韩国跑来秦国修渠，哪有什么好心？修建这条水渠，数万青壮年一起劳作，得耗费国家多少钱粮劳力？这可不是闹着玩的！"

负责监管我们的伍长说："你小子还算有头脑，我听上头人说，郑国纯粹是要害秦国，对了，叫'疲秦'，就是消耗咱大秦的财力、物力、人力，好让咱们君上无力东征，让六国继续苟延残喘！"

有一个戍卒问："难道咱们君上就看不出来这是阴谋？就算君上年纪小，还看不出来，但相邦吕不韦应该心知肚明吧！"

伍长黑着脸，说："不管咋地，没有明确指示之前，我们的任务还是挖土、砸夯！都别废话了，抓紧干活！"

又过了半个月，有人在工地传说："郑国又被放出来了，据说是相邦吕不韦放他出来的，还说要把这条水渠命名为郑国渠呢！"

戍卒都在私下里议论。百将听到我们侃大山，就制止道："你们一个个也别瞎猜了，我告诉你们怎么回事吧。我可是听二五百主大人亲口说的。"

我们一边砸夯，一边听他说。

"郑国阴谋疲秦是确凿的，他已经供认不讳了。不过，这小子却跟君上说，修建水渠虽是疲秦，可真的修好了，却是功在千秋的大好事。因为水渠修好后，连通了泾、渭、洛三条水系，能够灌溉数万顷田地，大大缓解关中干旱少雨的情况。这是其一。其二呢，泾水含沙量大，能够补充渭水、洛水平原广袤的盐碱地，使得贫瘠的关中平原农业大发展，粮食大丰收。相邦吕不韦也赞同郑国的说法，力劝君上赦免郑国之罪。君上本来是要杀了郑国的，可听他这么一说，觉得真是有功于子孙万代，因此不但赦了他的罪，还把水渠命名为郑国渠。"

既然能使咸阳富饶，那还多说什么，干就完了！

结果一干就是五六年，还看不到一丁点竣工的迹象。我们无怨无悔地付出着，直到有一年秋后，落叶满咸阳的时候，有官吏过来，把我们集中起来，说是要抽调一半修渠人员到前线去。战争还是不可避免地到来了。

第 3 章

敌营诈降

①

秦王政五年，秦军攻占东郡，截断了六国南北合纵的通道。六国如同芒刺在背，感觉很快就要被秦国吞掉。在此背景下，赵国大将庞煖在赵王的授意下倡导合纵抗秦，但又考虑到自己虽为名将，但尚不足以号令六国军队，必须推举一位六国中既有实力又有号召力的人来当这个纵长。他就想到了号称战国四公子之一的春申君黄歇。

魏信陵君、齐孟尝君、赵平原君、楚春申君，号称战国四公子。他们不但出身宗室贵胄，而且都是门客三千，有着广泛的威名。到了庞煖打算进行合纵的时候，四位公子中只有春申君尚在，所以他自然而然地成为纵长的最佳人选。但春申君上边还有个楚王，必须照顾一下楚王的面子，于是庞煖就倡议，让楚王当纵长，而春申君总领其事。

合纵大军兵分两路攻秦。一路由庞煖率领，从赵国北部奔袭咸阳；一路由春申君率领，进攻函谷关。

秦国两线作战兵力不足，不得不抽调修渠的戍卒加入战斗。像我跟子满这样的新兵——其实已经当工程兵有几年了，但还没有上过真正的战场——仓促之间被组织起来，集中到骊山大营进行战前训练，准备随时开赴前线。

在骊山大营，气氛变得日益紧张。日常的训练还在进行，但不断有人被调走。我跟子满为了能在战场上活命，一丝不苟地参加训练，虽然我们的身躯不算威猛，但在很短的时间内也熟悉了一手竖起盾牌，一手操戈猛攻。

我们哥俩被重新分在一个十人小队里，什长是一个叫蒙恬的年轻人，年龄比我大，据说是将门之后，他的祖父蒙骜和父亲蒙武都为秦国立下过赫赫战功。他从小就立志建立军功，而不是躺在祖辈父辈的功劳簿上吃老本。他参军的时间比我们长，如今的爵位已经是不更。我们私底下都称呼他为不更大哥。

训练休息的时候，子满忍不住问蒙恬："不更大哥，六国合纵来犯，秦国仓促应战，胜算几何？"

蒙恬毫无惧色，声音很昂扬，笑着说："子满，咋了，你怕了？这又不是六国第一次合纵攻秦，有什么好大惊小怪的？"

"那是第几次？"

"我记得应该是第五次。"

"这么多次？快跟我说说！"

蒙恬沉毅而淡定地说："合纵连横，互有胜败，早已是家常便饭。第一次，魏相公孙衍与秦相张仪不睦，公孙衍以楚王为纵长纠集六国以及匈奴的军队，兵临函谷关。当时的秦国正是蒸蒸日上，经过商君变法，国力大增，加上张仪纵横捭阖，离间六国，导致六国联军各怀鬼胎，很快分崩瓦解。秦国获胜。

第二次，齐国孟尝君田文担任秦相，因被人诬陷差点被昭襄王杀掉。他逃回齐国后，以齐王为纵长，联合齐、韩、赵、魏、宋、中山六国共同出兵，进攻秦国盐氏。昭襄王

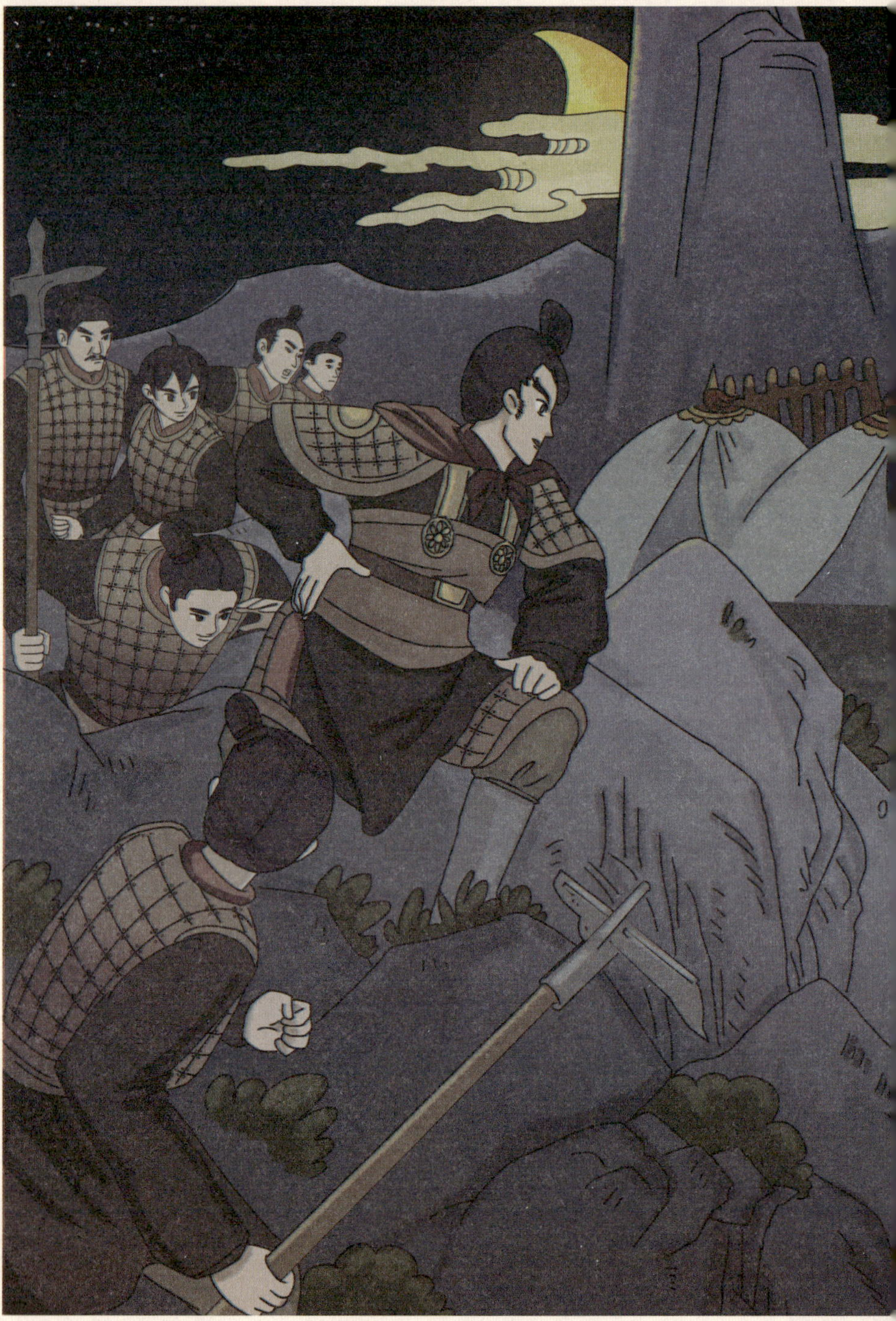

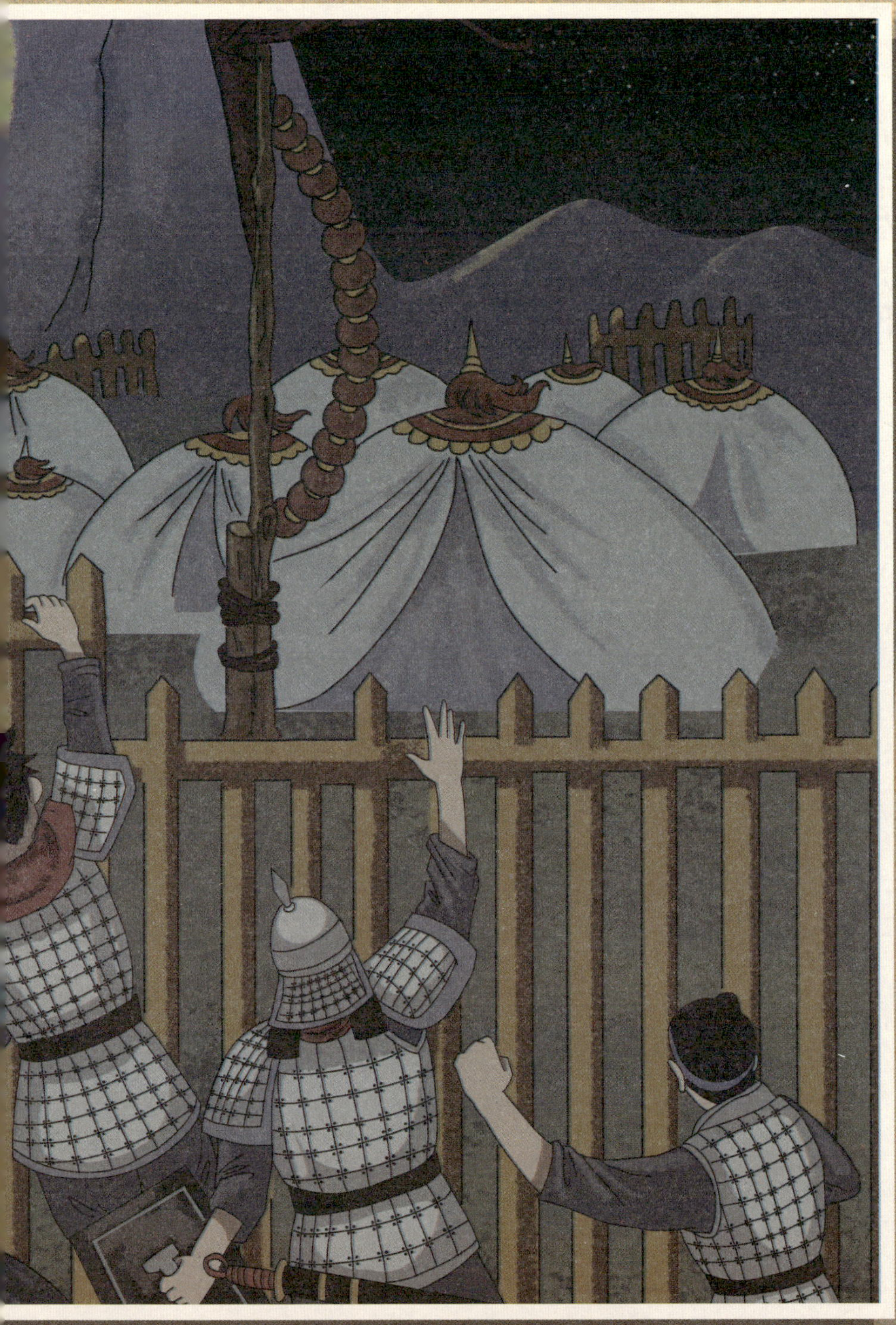

准备不足，只好割地求和，诸国才退兵。秦国失土割地，实力未损，算是小败。

第三次，昭襄王自封为西帝，招致魏、赵两国不满，于是赵将李兑倡议，由齐王再次为纵长，联合齐、燕、赵、魏、韩五国联合攻秦。结果秦国大兴连横之策，策反赵、魏，联军土崩瓦解。秦相苏秦趁机游说各国合纵攻齐，结果五国伐齐，名将乐毅攻下齐国七十二城，差点灭了齐国。这一次秦国不费一兵一卒，齐国大伤，算是大胜。

第四次，昭襄王派我的祖父蒙骜伐魏，接连获胜，魏王拜信陵君为上将军抵抗秦军。信陵君向诸国求救。以信陵君的威望，很快得到其他五国的响应。六国合并出击，在黄河外与我祖父交战，迫使我祖父败走。这一次合纵，秦国失败，蒙氏蒙羞。"

蒙恬对秦国与六国的战史了如指掌，当他说到祖父战败，一拳狠狠地砸在步盾上，铜质的盾牌发出"轰轰"的金属鸣响，宣示了一个热血青年的强烈抱负和远大志向。

2

新兵被分成两拨，一拨归入将军王翦和李信的麾下，正面迎击庞煖来犯之军；另一拨开赴函谷关，等候相邦吕不韦的调遣。

蒙恬、我和子满这一小队被分在函谷关方向。蒙恬摩拳擦掌，攒足了劲要跟春申君的军队大战一场。可是在函谷关待了快一个月，每天只是日常操练，并无战事。蒙恬心急如焚，虽然尽心尽力地训练我们，但他的内心早已驰骋在疆场之上，奋勇杀敌了。

又过了半个多月——在蒙恬的心中，早已把春申君的联军虐了千百遍——终于从咸阳传来消息：相邦吕不韦要来视察函谷关。

这么重要的人物要来前线，一定有非同寻常的举动。驻军一个个无比振奋，他们脸上的表情似乎在说：终于轮到咱们了，听说王翦将军跟庞煖在咸阳以北的战场打得热闹非凡，咱们再不打仗可就废了。

吕不韦到了函谷关，先是检阅了军队，然后召集守将开会。据说会上谈的都是一些军旅日常事务，没有一句话提及开战的事。函谷关内开会，关外的联军天天搦战，叫骂挑衅。吕不韦不为所动，照常巡视、开会。可函谷关的守军受不了，开始请愿——什长以上（含什长）的军官都跪到相邦吕不韦的行营前申请开关出战。

那天大毒日头底下，好几个五百主扛不住，晕倒在了营前。到了太阳西斜的时候，吕不韦才从行营里出来，阴沉着脸训话："将士们，我知道你们求战心切，想跟联军在战场上见见真招，可是上兵伐谋，我们得讲究策略。现在咸阳一线战事吃紧，庞煖的联军打到了距离咸阳七十里的地方，国都危在旦夕，王翦和李信两位将军浴血奋战，正是紧要关头。函谷关采取何种行动，都会牵一发而动全身，马虎不得！难道我不想跟黄歇决一死战吗？胜了还好说，万一败了呢？函谷关失守是小事，咸阳城失守可是天大的事！我劝诸位不要心浮气躁，我已有谋划，不过要保密，如果走漏风声，则满盘皆输！"

将官们一听相邦这么说，都觉得鲁莽了，一个个低头不语。

吕不韦语气有所缓解，说道："你们回去正常操练。守军还要分成两部，一部随时听候调遣，增援王翦将军，另一部原地待命，没有我的命令不准行动。擅自行动者，杀！"

将官们齐说："得令！"

吕不韦环视了将官们一圈，问道："哪位是蒙骜将军的家孙？"

蒙恬在人群里应道："在下就是！"

吕不韦示意蒙恬随他进帐，然后手一挥，让众将官散去。

行营大帐内，吕不韦脸上带着笑，跟蒙恬说："令祖武功赫赫，秦国上下无不钦服。小将军也是一表人才，你的上司们不止一次在我面前夸你，说你不愿意沾祖辈的光，想要自己在军旅中建功立业，我佩服你这样的年轻人。听说你的十人小队在训练中屡获嘉奖，我很欣慰，将门虎子，名不虚传。现在有个秘密任务想要交你去完成，你可愿意？"

蒙恬行礼道："相邦之命，万死不辞！"

吕不韦哈哈大笑："哪个要你死，不但不要你死，还要你好好活着。函谷关一线只可智取，不可强攻。一旦黄歇退兵，庞煖孤立无援，自然也就退兵了。你可明白其中的厉害？"

蒙恬点头，觉得有理。

"你今晚带领你的十人小队，秘密出关，潜入黄歇的大营诈降，就说相邦吕不韦亲自率领秦军主力，偷袭他的联军大营，让他早做防范，一定要让小队里能言善辩的人，劝说他退兵，我在关内佯装调兵，作势配合你。黄歇退兵，你

们小队大功一件,爵升三级!"吕不韦庄严许诺。

"得令!您就等着我们的好消息吧!"

蒙恬回归小队,表面上好像无事人一般,内心里却翻滚过十几个出关诈降的策略。

他把我们集中在一起,以正规训练的名义,来到一处茂密的小树林,然后让两个队员巡逻,其他人在树林内分配任务。

由于蒙恬不善言辞,不能进敌营行诈降之事,最后决定由我去诈降,蒙恬和子满他们帮我肃清进入联军大营的障碍,并暗中接应我。

3

当晚夜黑风高,正适合诈降。

我们一行十人,潜出函谷关,不敢走大道,只能扎进黑黢黢的丛林,摸黑行动。我们分散开,前后拉开点距离,各自警戒,看似疏离,实则紧密衔接,趁着浓浓的夜色,直奔春申君的大营而去。

丛林里时不时响起老鸹的叫声,加之林风阵阵,飒飒作响,偶然窜过一只狸猫、黄鼬,搞得我们很紧张,直到隐隐约约看见敌营的烟火，才觉得终于逃出了无尽的黑暗。

我们在距离联军大营一里多的地方驻足观察。春申君的大帐在中心，四旁是联军将领的行营，要想进入春申君的大营，非得绕过这些行营不可，这可就费难了。因为每个行营都有八个人站岗，两个时辰轮一班，没有一个敢偷懒的，想从他们眼皮子底下溜过去，比登天还难。

最后，蒙恬决定焚烧辎重营。辎重营里存放着联军的装备器械，如果能在那里放一把火，将领们谁敢不带着人去灭火，趁乱，我就可以突破进去，跟春申君聊一聊。

子满成功地当选为纵火队长，带领两个队员前去放火，他们换上提前备好的联军服装，沿着行营的栅栏悄悄翻进去。

大约过了一刻钟，就见辎重营的方向亮起了火光。火势渐渐猛了，就听将领行营开始骚动起来，他们来不及穿上铠甲，急匆匆带领着卫队前去灭火。

蒙恬一看时机到了，就带着两个队员，保护着我趋进中军帐。春申君正在里面发号施令，调兵救火。营外八名卫士，已经走了四个去救火。蒙恬用口哨学鸟叫，四短一长，意思是四个卫士，我们三个人不够，赶紧来一名增援。

增援一到，趁着一片嘈杂之声，他们摸到看守行营的卫士后边，用锋利的匕首结果了他们的性命。就在此时，我一个箭步冲进春申君的营帐，随手把帐门掩好。我心说——老小子，今天你撤兵则罢了，如若不然，小爷我一刀就毙了你！可是等我环视帐内一圈，我这个想法立刻烟消云散——没等我站稳呢，早上来七八个卫士把我死死地摁在地上。

黄歇厉声喝问："你是什么人？竟敢私闯联军大营？"

我深呼吸了一口气，不卑不亢地说："我是什么人不要紧，公子命在旦夕，尚不自知，岂不是可怜！"

卫士们拔出刀，纷纷架到我脖子上，顿时眼前一片寒光。

"慢，放开他。"黄歇略带吃惊地说，"小子，看你年纪不大，演技倒是不错。你倒说说看，我有什么危险，怎么就命在旦夕？"

事情到了这个节骨眼上，我反而不怕了，我挺了挺胸脯，说道："你稳坐中军帐，岂不知祸从天降。秦国相邦吕不韦已经暗中调动秦军主力，天明时分就要偷袭你，吃掉你的楚军主力！"

"哦，吕不韦来到函谷关我早就知道了，他不过阅阅兵，训训话，一点调兵遣将的意思都没有，你怎敢说他要偷袭我?"

"那是逗你玩呢,你哪里知道其中的真相?庞煖的军队为什么一路如入无人之境,打到距咸阳城几十里的地方?难道是秦军没有抵抗力吗?我想您也不会这么认为吧!那是因为吕不韦暗中抽调了王翦大军的主力来到函谷关,准备跟你决一死战!试问,你的联军能跟虎狼之师秦军一决胜负吗?试问,如果秦军消耗了你的楚军主力,其他五国合纵无果,掉头攻楚,楚国何以挡之?试问,假使庞煖攻下咸阳,秦国成为赵国附庸,对楚国有什么好处?难道不是除掉一个强敌,又树立一个强敌吗?试问,占领了咸阳的赵军,难道会放过楚国这块肥肉而不顾吗?"

我一连几个"试问"拍过去,不信这小子还能稳如泰山!

"来人,给这小子一碗水喝!"黄歇似乎被说动了,"你说的倒也在理,可是你为什么那么好心来告诉我这些情报?"

"我当然是有我的目的。我要报仇,秦国为了修建郑国渠,抓了我的老父和弱弟,为了赶工期,他们都累死在渭水河畔,死前连一口水都没喝上。呜呜呜——"我都服了我的演技了,一瞬间眼泪夺眶而出,毫无矫情做作的嫌疑。

正在这么个时候,联军的细作,也就是情报员,一路疾跑进来,气喘吁吁地说:"禀告春申君,秦军有动向,大军正在函谷关集结,旗帜遮天蔽地,看起来得有十万之众!"

春申君听了,站立不稳,险些跌坐在座位上。

过了好一阵子,春申君才发话道:"撤兵!"

第 4 章
鸩杀仲父

①

当秦军在黎明时分冲进联军大营的时候,春申君早已逃遁无踪,连一根柴火都没留下。"兵贵神速"被春申君演绎得淋漓尽致。

函谷关之围被解,吕不韦得以腾出手来,把守军调往咸阳以北,增援王翦和李信。庞煖本来满怀希望拿下咸阳,可是王、李的阻击让他止步于咸阳五十里之外,如今又来了增援部队,他见大势已去,为了保存实力,也不得不草草退兵。

就这样，第五次合纵攻秦以六国失败而告终。

秦国胜利后，论功行赏，蒙恬升为公大夫，我跟子满升为不更。从此之后，不更蒙恬变成了公大夫蒙恬，我们哥俩则成了不更子六和不更子满。爵位升了，待遇也跟着提高，我们一下子还清了从里耶出发时告借的钱粮。

回到咸阳我们大吃了一顿，上等的秦酒，肥美的羔羊，算是犒劳一下自己，虽然我们并没有进行真正意义上的战场厮杀。

闲散了几天，军营里就传出消息，说是请功的文书已经报到朝廷，秦王颁布诏令，要从有功将士中挑选五十名进入羽林卫。其中，蒙恬我们三个竟然被秦王钦点为羽林郎。

秦王在咸阳宫大殿接见了五十名新羽林郎。这可是我们第一次觐见秦王，内心里既充满了无限的振奋和喜悦，又充满了忐忑和恐惧——听说这位秦王气吞宇宙，有统一四海、包举宇内之志，万一我们哪句话说得不对，惹他不高兴了，那可不是闹着玩的。

秦王嬴政当时还是个青年，风华正茂，一脸的英气，眼角眉梢流露出无限的豪情壮志，是那种让人一见既生出无限钦敬又产生无限敬畏的人。他眼光沉毅，步履虎虎生风。身材并不高大，但杀气散布四周，使人望而却步。

秦王初登基时十三岁，国政取决于太后赵姬和相邦吕不韦，如今一晃成人，心中对亲政充满了强烈的渴望。

他端坐在王位上，脸隐在冕旒之后，目光幽邃，声音浑厚而低沉，说道："列位猛士，实乃我大秦的栋梁，今天选入羽林，日夜保卫寡人，襄助寡人亲政，建功立勋，不可限量！"

我们跪倒在地，齐呼："君上万年！"

简单的接见仪式过后，秦王又选出蒙恬、我、子满以及其他七人作为他的近侍，这对我们来说是无上的荣耀。荣耀意味着责任，我们同时觉得肩上的担子也变得异常沉重——我们保卫的可是一代雄主、千古一帝，稍有差错就会成为历史的罪人。

当然了，保卫工作虽然重要，但也不用整天提心吊胆的，毕竟我们只是秦王的近侍，真出现了危险，还有羽林卫队呢。

我们十人分成两队，蒙恬跟我各领一队，轮换着站岗值班。子满这小子自从认识了蒙恬以后，就把我这个亲哥给抛到九霄云外，成天屁颠屁颠地跟在蒙恬后边，充当小弟，问这问那，视我为空气。我倒乐得耳根子清净。

不当值的时候，我们业余生活很丰富，可以到商社里喝酒，可以到酒肆里看百戏，有些士兵还会赌石荦。赌石荦

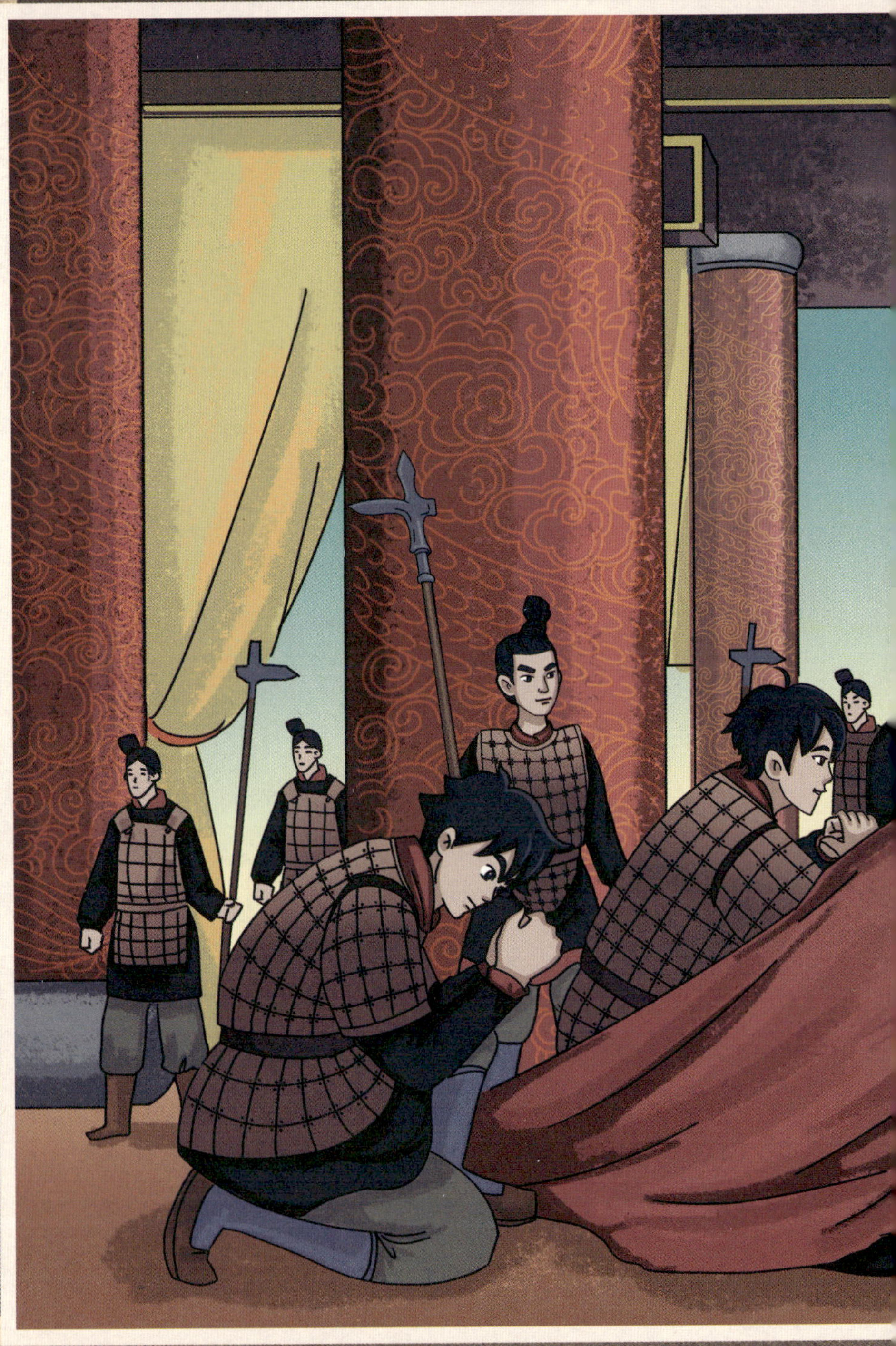

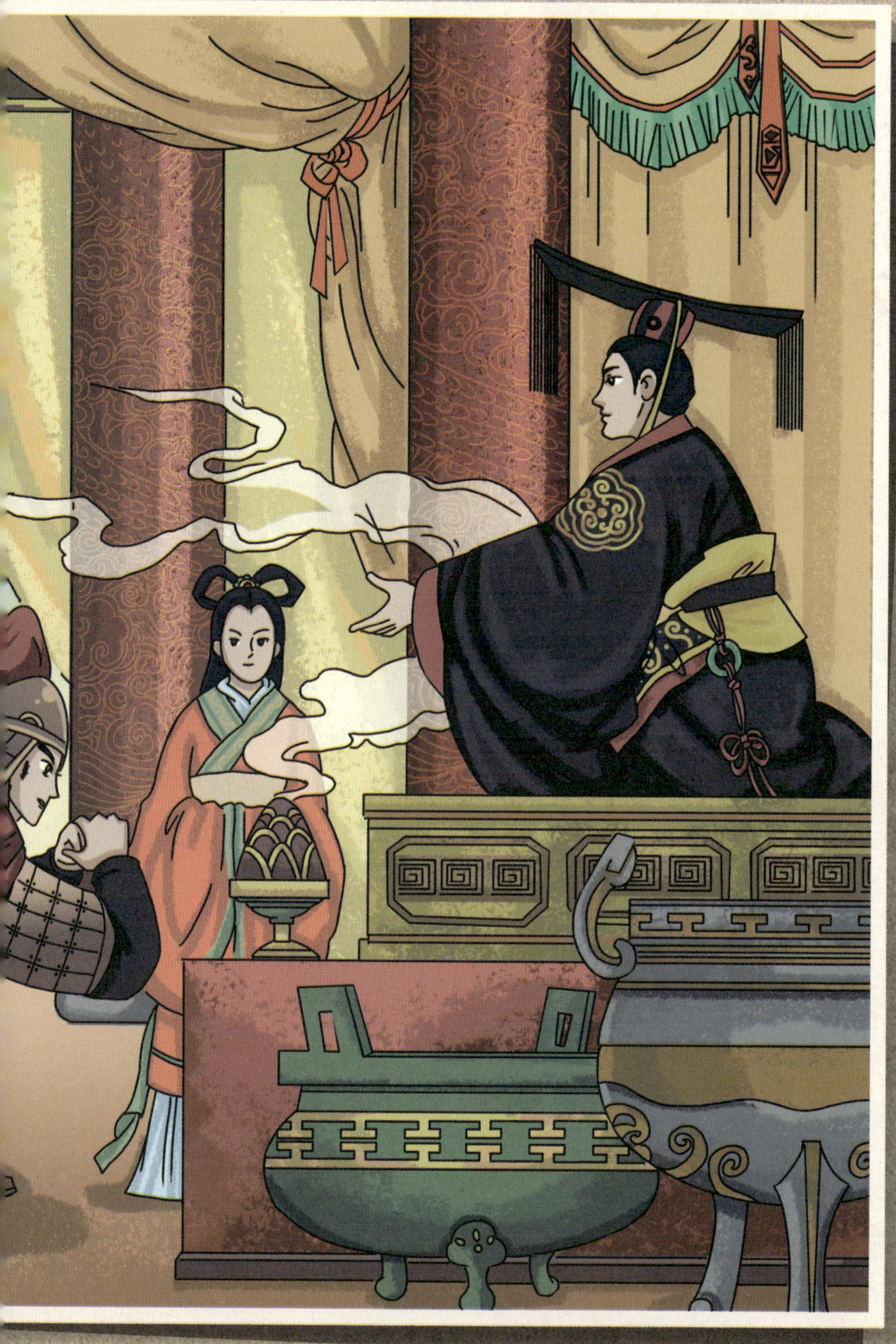

是当时流行的一种游戏，类似于今天的骰子，不过今天的骰子是六面，每面是一个数字，从一到六。秦朝的骰子不一样，有十四个面，一个面上写着"骄"字，它的对立面写着"男妻"，其余十二面分别写着从一到十二的数字，规则跟今天大同小异，赌大赌小，按照约定来。

这种十四面的石博茕，在咸阳非常流行。大小商社、酒肆都有赌局，大的几十人一起玩，小的几个人一起玩，彩头有大有小，大赌凭实力，小赌凭性情。而且不论宗室贵胄、公侯将相，还是平民百姓，贩夫走卒，都喜欢玩几局。

当然了，圈子不同，玩法各异。贵族经常组织赌局，邀请宗室子弟、外国使节、公侯将相、内宦近侍等前来参加，彩头由攒局者设定，一般输赢如流水，没人会在乎——那是人脉对接和交流情报的地方，赌博只是表面形式。

民间的赌局就不一样了，花样繁多，组织灵活，有专门的赌场，也有临时的赌局，也是热闹非凡，倾家荡产者有之，一夜暴富者有之，妻离子散者亦有之，赌博之风，自古就是恶习。

非常不幸，我跟子满，甚至是一心想立军功的蒙恬都对赌石茕这种游戏身不由己。因为我们身为秦王近侍，总会被邀请到豪贵者组织的活动中去。

2

有一天,子满接到一封请柬,上面写着:

羽林郎子满将军阁下:

函谷一役,火光射月,奇功盖天,选为羽郎!英武之余,又擅博兴,石茕圣手,海内皆闻!今欲于某月某日在长信府设博饮盛会,邀足下光降一临,投茕博彩,以娱宾朋,还望切勿推脱,为盼!

长信侯毒

子满举着这封信来找我,说:"老哥,快给我看看,这之乎者也的说了些什么?落款还是什么长信侯毒?侯毒是什么毒?"

我歪着脑袋,瞧都不瞧一眼:"去找你蒙恬哥哥!"

子满撒娇卖萌:"亲哥,我有亲哥能找别的哥吗?况且蒙恬哥哥被君上叫走了,陪君上去巡视咸阳狱,羽林军也去了,所以放了我们的假。"

石博觳

石博觳于1976年在秦始皇陵墓偏殿出土,被人们称为"八大国宝""十大谜团"。可能是现今骰子的前身,与今天的骰子十分类似。石博觳有14面,每面都刻有一个字,其中一面刻有"骄",一面刻有"男妻",而另外12面则依次刻有数字1到12。

现藏于秦始皇帝陵博物院。

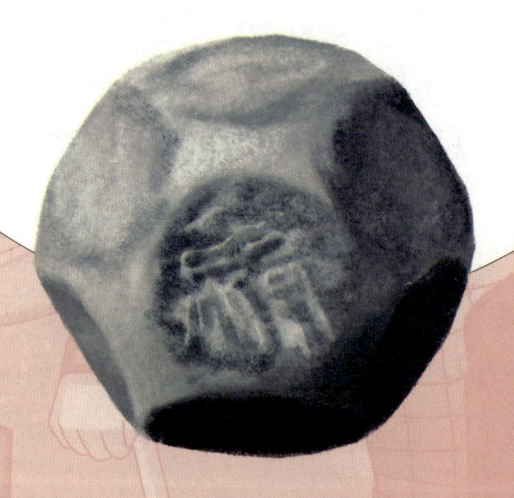

我鄙夷地盯着他："哼！他要在，你也不会来找我！拿过来我看，什么猴毒狗毒的？"

子满把请柬交到我手里，我一看，差点没把眼泪笑出来："老弟，你想让你老哥笑掉大牙吗？幸亏是我，要是换了别人，就得鄙视死你。这不是长信侯毒，是长信侯嫪毐。你好好看看这两个字，一个露尾巴，一个不露，虽然酷似，但绝非同一个字。再说了，长信侯嫪毐是咸阳的显贵，谁人不知？枉你还在咸阳宫站岗值班，丢不丢人？"

"这个显贵找我什么事？"

"这是一封请柬，长信侯邀请你去参加耍局，你的财运又来了！"

一听有赌局，这小子立刻摩拳擦掌。

我告诉他："这个长信侯嫪毐可是当今的大红人，谁也不敢惹。民间传说，君尚年幼，太后与相邦吕不韦主政，这个长信侯跟这两个人的关系非常亲密，你说他组织的赌局能不高级吗？能够参加他的耍局的不是贵胄就是使节，要不就是君上的宠臣。"

"我算什么，他怎么会邀请我？"

"你现在也不得了了，请柬上不是写得清清楚楚吗？说你在函谷关战役中，放火烧了敌营，火光遮盖了月光，建下了盖世奇功，被君上亲选为羽林郎，又擅长赌石茕，海内闻名，所以让您赏光去参加他组织的博彩盛会！"

"这么说，我在咸阳大小也是个名人了？"

"别吹牛，你算什么名人，不过是个人名！"我一盆凉水浇灭了子满膨胀的热情。

"老哥，那我到底去不去？"

"为什么不去？难道你不想见识一下！"

到了约定之日，子满乘车去长信府参加赌局。果不其然，参会者非富即贵，场上美女如云，美酒佳酿无数。长信侯迎来送往，左一杯右一杯，豪饮不止。在长信府总管的引荐下，宾主见了面，寒暄了几句，各玩各的。

子满见到不少老朋友，很快就熟络了。

就在子满赢得不亦乐乎的时候，突然传来一阵骚动，就听长信侯在那里对一位大臣高声叱喝："你算个——什么东西，给我——提鞋——都不配！"声音断断续续，忽高忽低，明显就是喝高了。

那位大臣也不示弱，乜斜着眼，一脸的鄙夷："我不算个东西，你才算！谁不知道你长信侯，倚仗着太后恩宠，横行霸道，连君上都不放在眼里！"

长信侯一阵大笑，然后冷笑道："你说的也不算差，我是君上的后老！你是个什么下贱东西，敢跟我斗！"

这句话一落地，整个场子瞬间凝固了。

"后老"就是继父的意思。嫪毐这么说就等同于承认了坊间传闻的他跟太后之间暧昧的关系。

子满觉得情况不妙，偷偷溜出来，一阵风似的找到我，问我怎么办。我觉得事态严重，就让他去找蒙恬，然后一起进宫。

等我们三个聚到一块，把前前后后的事情一说，蒙恬说："君上为了亲政的事情，正在抱怨太后、文信侯吕不韦和长信侯嫪毐。而且，我也不止一次听说，长信侯嫪毐跟太后不干不净，整个咸阳城，也就君上不知道，连平头百姓都知道他俩有事，我看，我们不能再瞒着君上，应该如实禀告，不但如此，还要做好准备，君上绝容不下这种事。"

"你说怎么办？"我跟子满齐声说。

蒙恬对我说："子六，你去咸阳大狱，一旦有事，立刻释放狱卒，归你统领，这是半个虎符——上次巡视咸阳狱，君上让我保管的，切记不到关键时刻，绝不可以擅用！"又对子满说，"子满，你跟我去见君上，把长信府的所见所闻如实禀告，请君上裁夺！"

蒙恬和子满进宫去，结果发现比那位大臣晚了一步。

虎符

我国现存最早的虎符实物，是1973年在西安郊区北沉村出土的杜虎符。杜虎符长9.5厘米，符身上有铭文9行40字，错金而成。铭文为："兵甲之符，右在君，左在杜（杜是地名，古代秦国杜县）。凡兴兵被甲，用兵五十人以上，必会君符，乃敢行之。燔燧之事，虽毋会符，行殹。"据此可知，当时用兵时，50人以上，必须出示会符。但如遇烽火，不用合符，也可以用兵。

现收藏于陕西历史博物馆。

原来那位大臣在长信府受辱,出来后直奔大内,来见君上告状。秦王听后,勃然大怒,但一见这位喝高了,一嘴的酒气,也不知道所说是否属实,正在着急,蒙恬和子满就到了。子满就把所经所历原原本本说了一遍。

秦王狂怒不已,当场就把座前的御案掀翻了,他从腰际抽出那把震古烁今的青铜剑,寒光在幽暗的大殿里打了一道利闪,他用一种近乎疯狂的语气说:"快叫廷尉来,我要知道所有的真相!让他快去查!"

子满不敢怠慢,直奔廷尉府而去。

此时,万里无云的碧空突然横过来一片如铅的黑云,一道霹雳将天空一分为二,随之而来的暴风雨将大地上的万物慑服在滚滚不息的怒火中。

3

长信侯嫪毐得到消息,决定先发制人。他组织叛军浩浩荡荡杀向秦王所在的蕲年宫。

秦王命令相国昌平君和昌文君发兵拒战，同时让蒙恬统领羽林军参加战斗。蒙恬派人火速通知我，让我释放狱卒，一起平叛。

我得到号令，立刻向廷尉出示调兵虎符。狱卒立刻被组织起来，在我的带领下，去护卫蕲年宫，去保卫君上。

双方在咸阳街头展开大战。嫪毐纠集的部队不过是攒鸡毛凑掸子，乌七八糟，老弱病残，就算是有些官兵，一看是跟君上作战，马上倒戈相向；君上的部队虽然人数上少，但都是精锐，狱卒听说可以免罪免死，哪个不奋勇死战？结果，嫪毐的叛军很快被打败，巷战斩杀嫪毐军数百人。嫪毐侥幸逃跑。

秦王当下传令：活捉嫪毐者，赏钱百万；杀死嫪毐者，赏五十万。参加平乱者，无论是军人还是平民，哪怕是宫里的宦官，都晋爵一级。

结果，不到一天的工夫，嫪毐及其同党全都被逮捕。嫪毐被处以车裂之刑，其党徒杀的杀，刖的刖，一场风波算是平息。

事后，秦王越想越不对劲，在嫪毐叛乱的时候，忠心耿耿的文信侯、大秦国的相邦、君上的仲父吕不韦哪儿去了？他那彪炳日月的忠心献给谁了？听说他的门客数千，门前六国使节的车马往来频繁，甚于咸阳，他这是想干什么？听说他跟太后、长信侯里里外外，一唱一和，互为倚重，左右国政，如今长信侯反叛了，难道这位受封十万户的文信侯就是清白的吗？

有一天，秦王召我进宫，把一封信交给我，让我带着这封信到文信侯吕不韦的府邸去宣读，同时他还让我带上一个小瓶子，让我读完信后，把这个小瓶子交给吕不韦，特意嘱咐我："子六，你什么都不用说，文信侯知道怎么办！"

我丝毫不敢耽搁，快马流星到了文信侯府，直接进去，宣读旨意。

吕不韦阖家老小跪满一地，听我宣读君上这封信。信上说：

> 君何功于秦？秦封君河南，食十万户；君何亲于秦？号称仲父。其与家属徙处蜀！

秦王这是在罪责吕不韦。意思是，你吕不韦对秦国有什么功劳可言？是，你曾帮助庄襄王获得王位，可那是私恩，而且你是为了投机，目的不纯。庄襄王继位后，立刻封你为丞相，为文信侯，食河南雒阳十万户。说好听点这是公器私用，说不好听点，这就是赤裸裸的交易。交易也

好，报恩也罢，你对秦国来讲有什么功绩可言呢？说到亲，你和秦国王室却没有丝毫的血缘关系，但却号称秦王的仲父，难道是因为跟太后的关系太紧密的缘故？

要害在于，吕不韦所受回报无以复加，本该在封地老老实实地养老，安享晚年，可是他却私养门客，私下里接见六国使节，这在秦王看来，恐怕是他想要作乱的表现，因此是绝对无法容忍的。

我读完了这封信，把那个小瓶子递给吕不韦的时候，他颤颤巍巍接过瓶子，剩下的事情他心知肚明。

吕不韦仿佛在听到那封信的一刹那突然变老了，他尝试着站起来，几次都不成功，最后还是我上去扶了他一把，他才勉强站起来。他捧着秦王的书信看了一遍又一遍，其实总共三十个字，他却好像在读一本无比厚重的书，这本书让他不忍卒读，又不得不读。

短短的三十个字读罢，他的叱咤风云的一生也演完，他想起当年邯郸豪客美姬，他想起咸阳游说，他想起私会太后，把持国政，一切都成为过眼云烟。

最后，他小心翼翼地旋开瓶盖，把里面的鸩酒一饮而尽。吕不韦倒下的那一刻，嬴政的时代开启了。

第 5 章
小小学徒

①

秦王亲政后，加紧推进两件事：一是统一六国；二是修造皇陵。

一天朝会罢了，秦王去骊山大营视察，羽林军扈从。

在骊山上，俯瞰整个咸阳，秦王无限感慨，说道："大秦从孝公开始，任用商君变法，把国都迁到咸阳，开启了漫漫的强国之路，让六国开始不敢小视秦国；惠文王重用张仪，东出函谷关，与六国周旋，纵横捭阖；武王和昭襄王武功赫赫，六国闻秦军之名而丧胆，纷纷割地贿秦，不敢西向；寡人继位以来，勤修政事，厉兵秣马，志在一统，开创

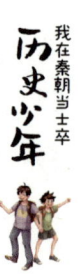

万世基业。寡人身上的担子重,不敢给先人丢人!"

"大王雄心壮志,必能使天下归一,四海归秦!"拍马屁可是我们的拿手好戏。

秦王手扶长剑,眺望远方,用一种和他那个年龄不相称的沧桑语调说:"人生百年,有限光阴。纵然创下万世基业,也终有故去的一天。从古而今,长生不死者能有几人?人死之后,托体山阿,万古寂寂,终究要在陵墓中永世长眠。因此修造陵寝乃是头等大事。事死如事生。有人要追随寡人统一六国,就得有人帮助寡人监修陵寝。"

一阵山风吹起,凉意顿生。

秦王走在巨石砌成的山路上,说:"我思量着,蒙恬要在战事上多留心,毕竟是将门之后,家传兵法;子六聪慧善辩,遇事机敏,可协助我多留心政务和外交;子满敦厚内秀,做事专注守一,替寡人监修陵寝,非他莫属!"

我们三个受宠若惊,跪地高呼:"君上万年!我等一定不辱使命!"

"不过,子满年纪尚小,主持修陵恐怕缺乏经验,"秦王拉着子满的手,亲切地说,"我想让你从最基础的做起,在骊山大营找一位技术高超的工师,好好拜师学艺,积累经验,从点点滴滴中增长真才实学,并在暗中替寡人监督陵寝质量。"

子满再次跪倒:"一定不负君上重托!"

之后不久,在骊山北麓的山脚下,皇陵所在地,来了一个毛头小伙子,自称要找一个叫宫臧的工师。

工师就是专门从事某项技艺的专业人员。水准很高,才能称作"师"。不过你要以为这位工师的名字是姓宫名臧,那就大错而特错了。宫臧的宫字,并不是姓,而是代表"宫里",说明这位工师隶属于宫廷;"臧"才是这位工程师的姓氏。宫臧中间其实还省略了所属官府名称:司空署——秦国专门负责皇室各种工程的专门官署机构。"宫臧"的全称应为"皇宫司空署工师臧某"。

当满头银发的工师宫臧站到子满面前的时候,一股专业范彻底征服了子满,他施礼如仪,递上一封信,说:"师父,新工子满前来报到!"

在秦代,行业学徒被称为新工。

宫臧看罢了信,不疾不徐地说:"好孩子,

在宫里当护卫是为君上效力，在骊山修建陵寝也是为君上效力，同为效力，没必要灰心丧气，他们撸了你的职，罚你来这里学徒，这也没什么大不了的，在哪儿还不能混口饭吃！"

子满这才知道，原来为了让他能够顺利拜师学艺，蒙恬以羽林卫队司令的身份给宫臧写了这封信，信上说子满这小子不好好站岗当差，出了差错，被罚到骊山陵学徒做苦力。

"师父，以后您就是我的靠山，我跟您好好学艺，绝不偷懒！"子满信誓旦旦地说。

"靠山谈不上，孩子。不过，我告诉你，制俑这门手艺不白学，真学会学精了，一辈子不愁吃穿，不管是帝王将相，还是宗室贵胄，都有用咱们的时候。咱们体体面面地干活，拿着宫廷里的俸禄，又不用蹚朝堂上那些个浑水，别提多体面自在了！"宫臧充满自豪地说。

子满赶紧再次跪下叫师父。

"不过，可有一样，"宫臧话锋一转，"你可得能吃苦，制造陶俑不是一件容易的事，工序烦琐，工艺要求高，丝毫马虎不得，可不能跟在宫里站岗那样糊里糊涂，要么不学，要学就学出个样来！"

2

秦王陵制俑工程浩大繁复，是建造陵寝主体建筑以外最重要的工程。

有的人可能好奇，为什么秦王的陵墓里要使用陶俑呢？

说法有很多。比较可信的一种说法是：陶俑可以"再现"现世的生活。比如，秦王嬴政志在统一六国，他就想在他死后的世界里，重现他横扫六合的军团。不但如此，他还利用水银制作宇宙星象、山川地理，还有各种园林景观、神仙境界，都是把现世的美好事物以及幻想中的理想世界在他的长眠之处加以"构建"和"呈现"。

另外一层意义，则是秦国的旧俗流行人殉，君王死了，按照规定得有活人进行陪葬，称之为殉葬制。随着社会进步和文明发展，殉葬制度渐渐落后，但殉葬的意义还没有完全泯灭，于是用陶俑代替活人进行殉葬，既满足了当时殉葬文化的需要，又免去了活人殉葬的残酷和无情，因此也可以把陶俑看作是殉葬文化的一种折中方式的体现。

不管怎么说，陶俑用于墓葬中，起到了冥器的作用，因此造型多样、制作精美，可以照见当时的生活习俗、服饰、雕塑等艺术水平，具有重要的历史文化和艺术研究价值。

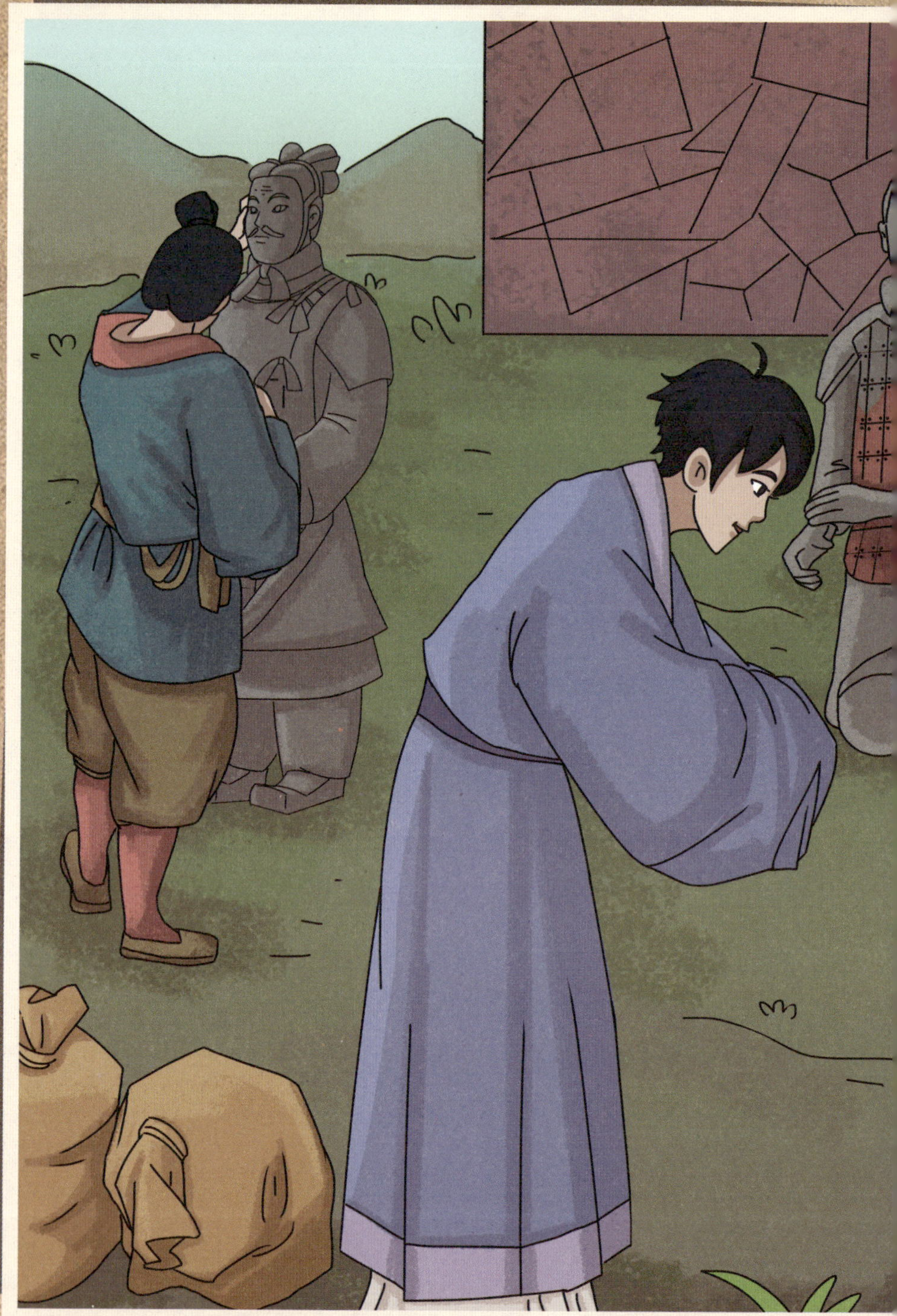

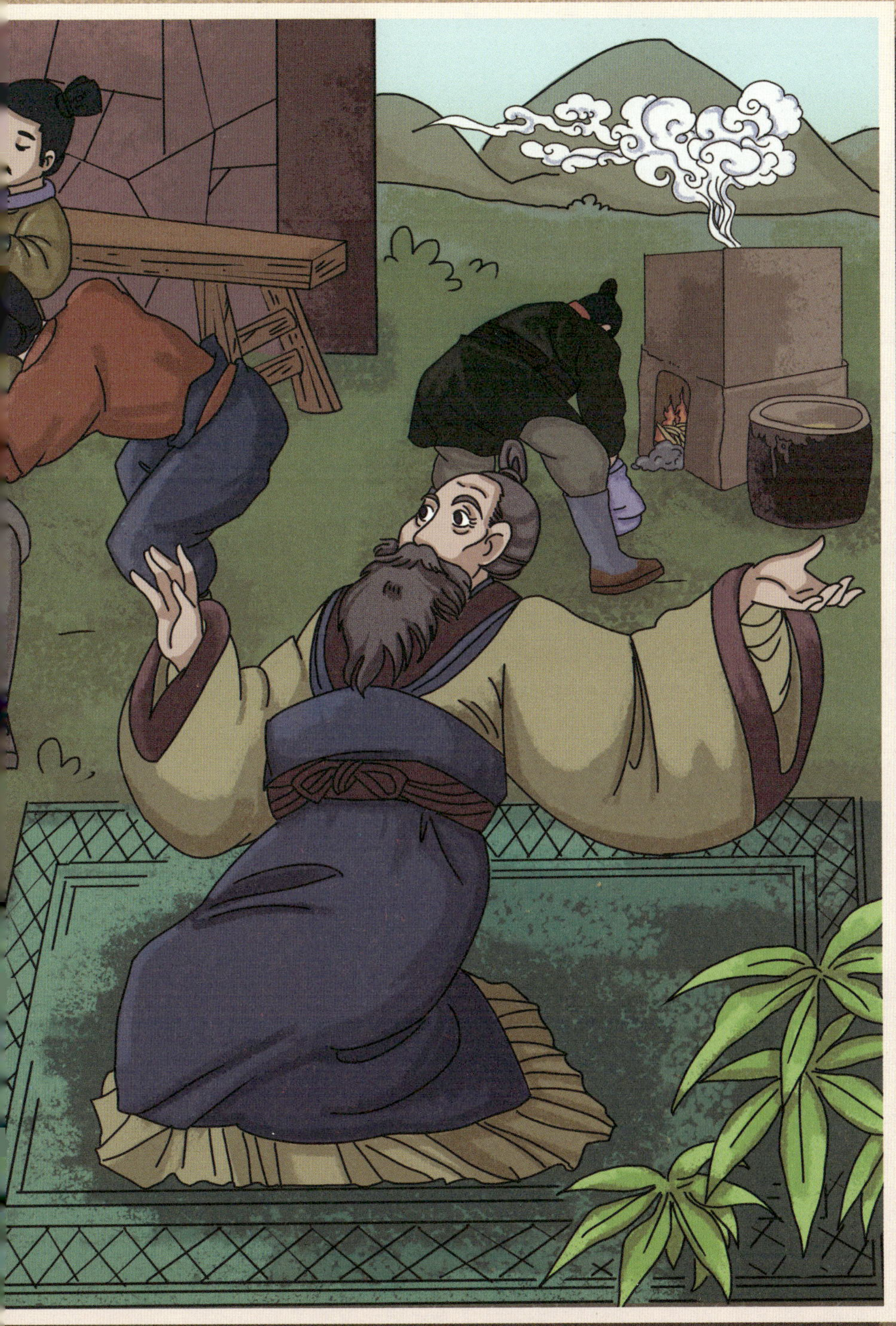

将军俑

　　陶制，高197厘米，秦俑，陕西西安临潼秦始皇兵马俑一号坑。秦始皇的兵马俑分为步兵俑和骑兵俑两个主要兵种，每个兵种又有士兵、军吏和将军的区别。

　　将军俑高197厘米，体格健壮，身材高大，前庭饱满，二目炯炯有神。他头戴燕尾长冠，身披战袍，胸前覆有铠甲，双手相握置于腹前，他们有的握着铜戈，有的擎着利剑，有的拿着盾牌。脚上蹬着前端向上翘起的战靴，头发大多挽成了偏向右侧的发髻。他的神态刚毅自然，沉稳平静，表现出身经百战、临危不惧的大将风度和运筹帷幄、决胜于千里的百倍信心，是当时秦朝威震四海的强大军队中上层武官的真实写照。

　　将军俑是目前俑坑中级别最高者，在战争中起举足轻重的作用，因而秦俑坑中将军俑的发现也屈指可数。将军俑和军吏俑、一般士兵的最大区别是：将军俑头戴鹖冠，军吏俑头戴版冠和云长冠，一般士卒则没有以上两种帽子，只戴介帻或束发挽髻。将军俑除具有以上特点外，还身材魁伟、高大，上身戴有领花、肩花。

　　现藏于秦始皇帝陵博物院。

所以，在秦朝，制作陶俑的工师是非常了不起的行当。当然，任何一名工师都是从新工学徒开始的。

子满聪明机灵，又肯下苦功夫、笨功夫——想想他在商朝学习攻治甲骨的劲头就知道了，因而深受宫臧的喜爱。

宫臧作为制俑工程中最有实力的工师，早就在物色可以继承衣钵的徒弟，这么多年来没有遇到过一个称心如意的。子满的出现让他苍老的内心冒出一个强烈的愿望——这个聪明憨厚的小伙子足以成为自己的传承人，我要把陶俑工艺毫无保留地教给他！

老师真教，徒弟真学。世上无难事，只怕有心人，技艺在流淌着精诚和汗水的传授过程中得以传承和发扬光大。

在制俑现场，宫臧现身示范，给子满讲述一个精美兵俑的制作工艺。

"小子，你要听得明明白白的，看得真真切切的，可别左耳朵进右耳朵出！"

"师父，您就放心吧，前面您给我讲的制陶俑如何选土、如何配料、如何混合，我都记得清清楚楚的，丝毫错不了！我跟您说吧，我是有根基的，我在大商朝的时候，就是个攻治甲骨的好手……"

子满说到这儿，一吐舌头，赶紧闭嘴了。

宫臧毕竟上了年纪，加上施工场地声音嘈杂，一脸迷惘，问道："你说什么鼓？假鼓？假鼓咱们也能做，比起做兵马俑来，鼓俑好做多了！"

子满长出了一口气，庆幸师父没听清他说什么。

"子满啊，一个兵俑一般分成三个部分来烧制、组装：头部、四肢和躯干。这三个模块制作好了，再把它们连接起来，一个兵俑算是初步告成。"老人家拿过一个模具，"来看看这个！这就是头部的模具。用这个模具把兵俑的头部制成初胎，然后再堆泥贴接耳朵、发髻、发辫等，再进行五官的细部刻画。

别看兵俑本质上是个泥胎，在我们手里可有灵气哩。这灵气怎么表现出来呢，就是靠五官。兵俑是什么性格，又是什么心理状态，全在咱们如何去雕刻和修饰他的五官！这是塑造的功夫。靠咱的手艺赋予陶俑生命和性格，一个陶俑一个样，绝不会千俑一面！

具体的塑法比较复杂，泥胎出来后，先堆塑出后脑勺，然后粘贴上耳朵，塑出发髻，再刻画眼睛、眉毛、嘴巴等细部，胡须是用泥片贴上后再刻画。这些都是精细的活计，需要付出大量的细心和耐心，否则就是粗制滥造。

咱大秦国，百工都施行物勒工名的制度，粗制滥造是要付出代价的。各种产品都要标明制作者，尤其是朝廷用的东西，从监造、工师到工人，三级责任人都要注明，哪一级出了问题就追究哪一级的责任，重大的质量问题，三级都要受罚。"

老爷子虽然在谈受罚，但脸上却洋溢着自豪的光芒，似乎在说——我制了一辈子的陶俑，只有受奖的时候，从未受过罚！

③

"总之，陶俑是模塑结合，以塑为主，结合各种塑造手法，就能把一堆泥土变成一具活灵活现的兵马俑！"宫臧一聊起制俑工艺就滔滔不绝："四肢和躯干部分的服饰、铠甲也是一样。泥胎制造完了，紧接着就是烧制。烧制也绝非易事！"

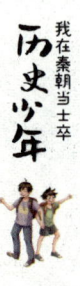

子满歪着脑袋问："泥胎都制作好了，烧起来还不容易吗？"

老爷子上去给了子满一个轻轻的耳刮子，看得出来，他只是做做样子，眼里掩盖不住对爱徒的喜爱和对其态度不够严肃的佯怒。"哪有你小子想得那么容易？要是容易了，还用你磕头拜师来学吗？"

"是，是，弟子鲁莽了！师父莫怪！"子满赶紧承认错误。

"这还差不多，学习态度要端正才行。"老爷子捡起一些零零散散的泥胎，演示给子满看，"你看这些泥胎，薄厚不一，薄的地方不足半寸，厚的地方半尺也不止，而且无论是兵俑还是马俑，都是空心的。在烧制的时候，如果火候不足，必然会出现陶质疏松、色泽不一的现象；反之，如果火候过高，又会出现裂纹、变形，甚至爆裂。可见，掌握火候才是制俑成功关键。除此之外，对由泥坯到干胎、干胎到烧结这两个环节的收缩比例，也要掌握得十分准确。这些在具体的烧制过程中，我会教给你具体的办法，你处处留心便是！"

子满不断咋舌，心想，原来制作一个兵马俑这么复杂！

宫臧看出了子满的想法，说："你小子一定以为工艺复杂，对不对？告诉你说吧，制作泥胎和进行烧制，不过是兵马俑的基础工作，更加复杂和高深的工艺，在于后边的上漆、涂色和彩绘等工艺！"

子满灵机一动，忽然想到，甲骨的攻治也需要工艺，比如钻凿的技术以及涂色等，原来天下百工技艺都是相通的，不过各有时代特色罢了。

老爷子娓娓道来："烧制好的陶俑要上漆和上色，这就有先有后了。大漆，又叫土漆，是由漆树的白色乳汁加工制成。漆树如今在咱大秦遍地都是，想当初却是从蜀国引进而来。大漆是粉状的，需要用水去调和，但光用水不行，不黏，还得加入皮胶或骨胶，没有的话，用蛋清代替也行。漆调制好后，涂抹在陶俑的最底层。

底漆涂好后，接着是上色。咱大秦的颜料丰富多彩，单色有红、绿、蓝、黄、紫、褐、白、黑八种，复色呢，朱红、粉红、枣红、中黄、粉紫、粉绿等，可谓随心所欲，应有尽有。

颜料调好了，开始给陶俑上妆。女人

怎么化妆，陶俑也大同小异。首先是上底妆，用生漆给眼睛、鼻孔和嘴唇做隔离，提高陶俑肌肤的亮度和饱和度，如果小有瑕疵，没关系，可以上一层白色的粉底。然后再刷上各种颜色，为定妆；接着画眼妆，用棕色或红色圈出眼珠，用黑色点一个小黑点，作为瞳孔；最后上唇妆，也是先打底，再涂红色。

记住，给陶俑化妆一定要先上后下，否则就会蹭着嘴唇，前功尽弃！子满啊，我们所用的颜色和颜料虽然很多，可选择性很大，但以师父的经验来看，蓝和紫最好用，也用得最多。

服饰彩绘的用色，以红、绿、蓝、紫四色为基础色调，绿色为主，切记不可用黄，那可是犯忌讳的。衣服的袖口可以发挥想象力，鲜艳多彩的袖口能够增加陶俑的神采。

陶马的涂色与陶俑类似，不过马的彩绘层很薄，还有一点，陶俑的脸部和服饰的彩绘比较精细，要细致的描绘，一些细节甚至要反复勾勒、涂抹；而马呢，就可以天马行空了，用刷子！"

子满一边听，一边在随身携带的竹简上把老师说的这些重要技艺记录下来，以备日后实践的过程中查询。宫臧总是告诫他：好记性不如烂笔头！当时理解了，未必将来记得住，所以还是要做笔记。

时间这玩意儿，当你虚度的时候，感觉很长；当你充实而有意义地度过的时候，却如白驹过隙，稍纵即逝。子满这小子虽说有时候有点吊儿郎当，但一旦对某件事情产生专注，就会全副身心地投入，因此往往能钻研出成果。

在专注中，时光很快就流走了，但沉淀下来的精髓却值得用一辈子去升华。

第 6 章
易水风云

①

秦王嬴政的统一事业不断加码，使得六国的有识之士忧患重重，惶恐不可终日。那些为了安抚秦国而在咸阳充当人质的六国王子，也日益感到恐怖的意味，不计一切代价逃回本国。

有一天我正在咸阳宫当值，蒙恬急匆匆跑进来，气喘吁吁地朝着我喊："子六，快去禀告君上，燕国太子丹逃跑了！快！快！"

秦王在大殿接见了我们。他震怒，厉声说："太子丹逃归燕国，这是自绝于大秦，自绝于寡人！蒙恬，你携虎符，到骊山大营调取精锐骑士，连夜追赶；子六，你收拾一番，跟随乌氏倮到燕国贩马，顺便刺探燕国动向！"

出了咸阳宫，蒙恬自去调兵；我到咸阳最大的马市找乌氏倮，把君上的旨意告知他。

乌氏倮是戎狄人，以贩马为生，七国中凡有骡马处都有他的生意，因此富可敌国，然而却死命效忠大秦，深受秦王的倚重——他经常以贩马经商的名义为秦国收集情报，在秦国与六国的周旋中立下过大功。

当时的秦国，商人的地位虽然不高，可是乌氏倮跟寡妇清——一位籍贯在巴地的著名女商人，以制作和贩卖水银和瓷器为主业，业务遍及七国，挣下泼天财富——受到秦王非比寻常的对待，给予他们封君的待遇，尤其是还赐予寡妇清"贞妇"的美名，为其在咸阳修造了"女怀清台"。

我跟乌氏倮约定好出发的时间、地点，以及要走的路线，打算趁着夜色上路。

且说逃回燕国的太子丹，深知秦王不会放过他，同样也不会放过燕国，心急如焚地找到他的老师鞠武询问对策：

"秦国要灭掉燕国,老师何以教我?"

鞠武略显老态,摇头叹息说:"秦国过于强大,燕国非其对手。如果太子认为在秦国受到了屈辱而想报复秦国,那燕国的灾难也不远了。"

太子丹绝望地说:"秦国攻打燕国是迟早的事,我们不能像乌龟那样。请老师务必想一个万全之策,使燕国不要灭亡。"

鞠武沉思了一会,说:"让我想一想。"可一连想了几天,鞠武也没想出什么好对策。

太子丹茶饭不思,身体日渐消瘦。偏偏这时候又来了一个祸端——秦国将军樊於期为躲避秦王的追杀而逃到燕国,宅心仁厚的太子丹收留了他。

樊於期是秦国的优秀将领,但因为他是吕不韦的亲信而不见容于秦王。吕不韦饮鸩自杀后,樊於期害怕秦王取他性命,就从秦国出逃,接连去了几个国家,没有一个敢收留他,只有太子丹肯收留他。

鞠武知道此事,极力劝阻太子丹不要收留樊於期,以免给秦国提供攻打燕国的理由。他说:"樊於期就是一块肥肉,秦国好比饿虎,不得肥肉誓不罢休,请您三思!"

太子丹于心不忍:"樊将军身经百战,是不可多得的人才。燕国要想对抗秦国，正需要这样的人才。何况，樊将军走投无路才来到燕国，我们怎忍心拒之门外，让天下英雄寒心呢？"

樊於期为太子丹情义所动，发誓将来一定要报答太子丹的恩德。

这件事过去后不久，鞠武向太子丹推荐一位世外高人，此人姓田，名光，是他多年以前结识的一位老友，见多识广，足智多谋，又精通剑术，被称之为"节侠"。

鞠武说这个人或许能够想出对付秦国的办法。

太子丹急切地召见了田光，跪着迎接他，倒退着走为他引路，又跪下来替田光拂拭坐席。田光深受感动。

屏退闲杂人等后，太子丹迫不及待地问："如今秦国就要攻打燕国，闻先生智勇双全，请问有什么办法可以应对？"

谁知，田光叹了一口气："现在我老了，没有多大的用处，这就好比一匹千里马，到了年老的时候，随便一匹劣马也能跑在它前面一样。"

太子丹满脸的失望。

然而，田光却说："不过我虽然不能亲自去实行，但办法老朽倒是有一个。"

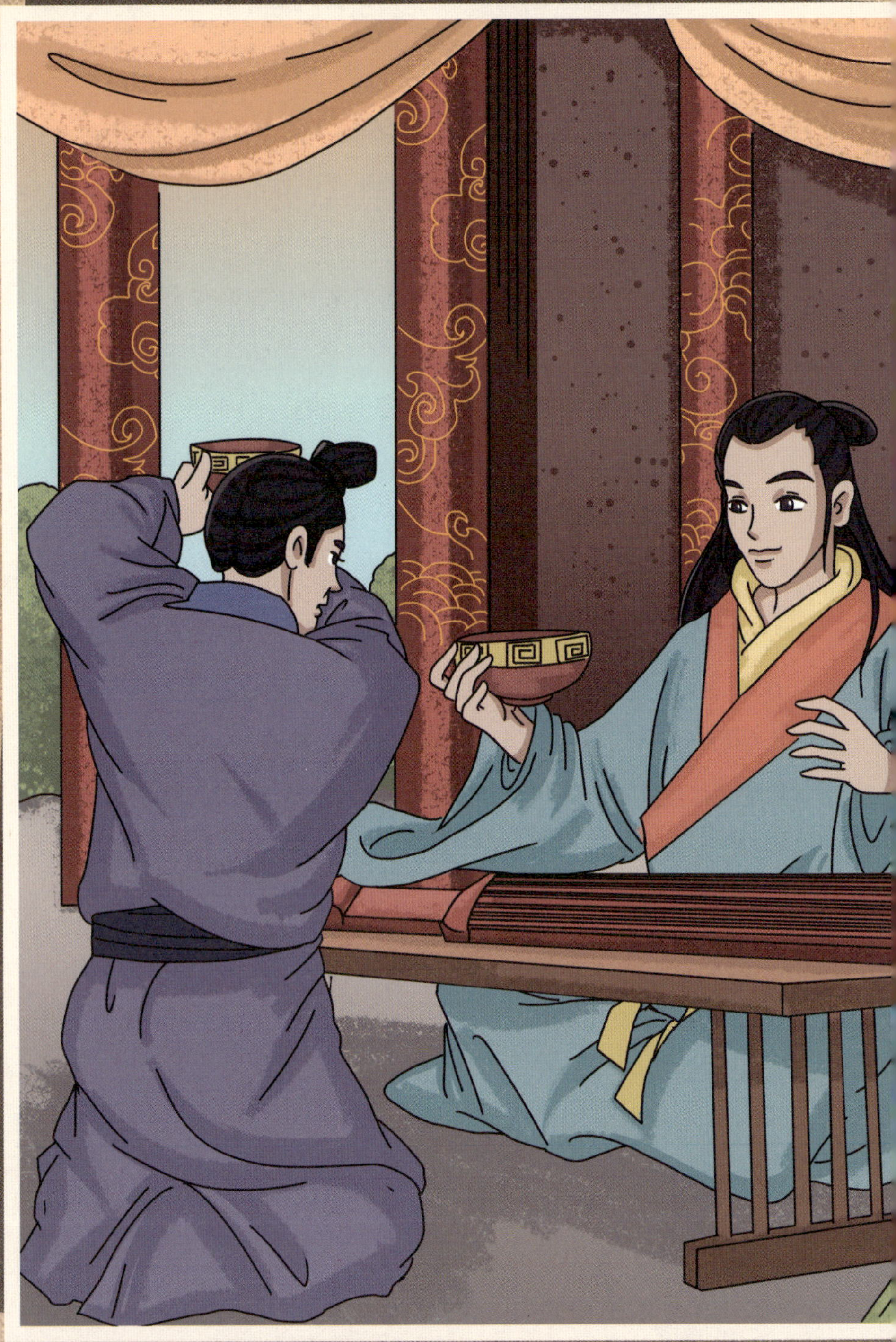

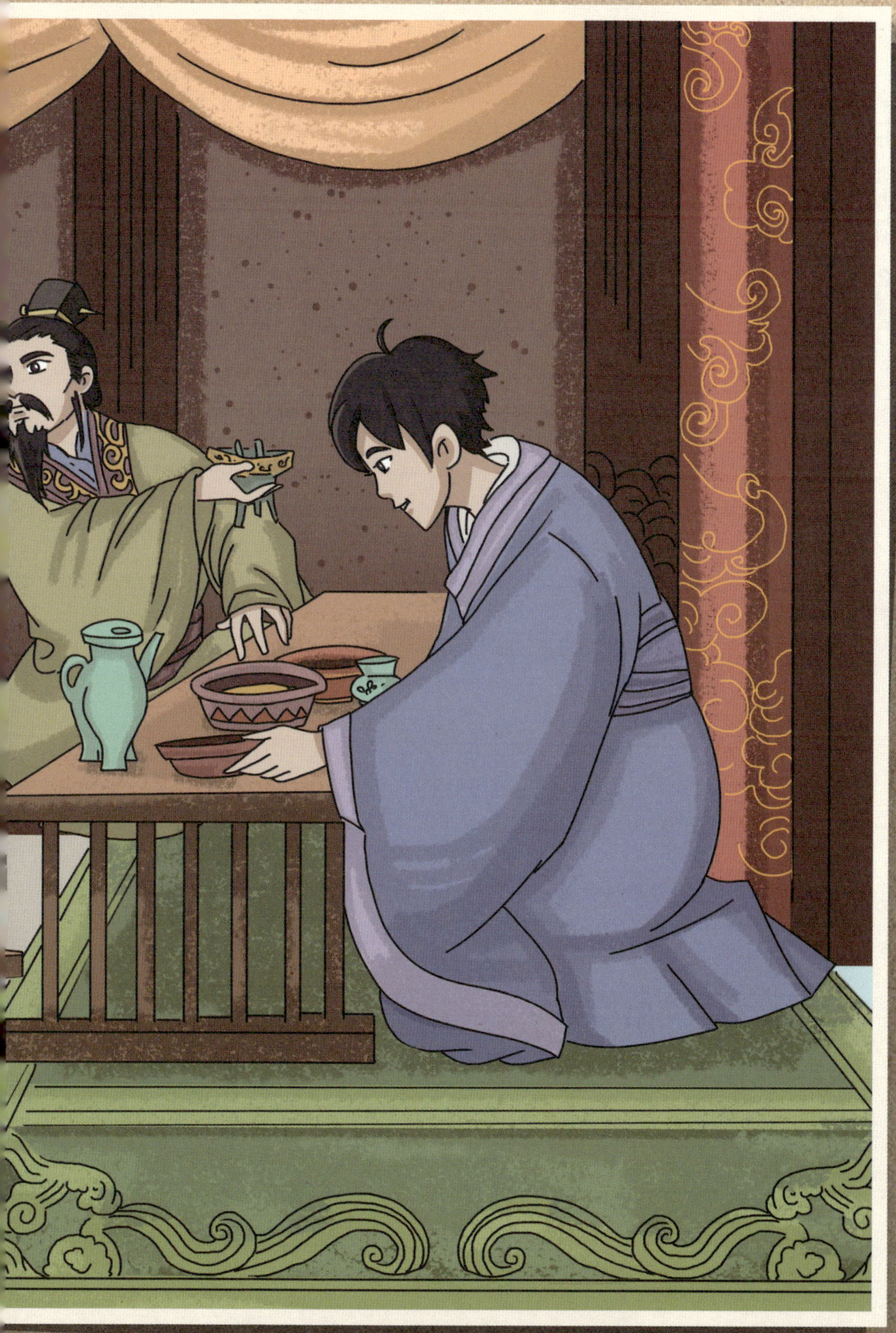

太子丹紧张地问："什么办法？"

田光说："刺秦！"

此话一出，太子丹吓了一跳——这太不可思议了，这怎么可能呢？谁有本事能刺杀秦王？

田光料到太子丹会有异常的反应，他说："虽然我不能完成这个任务，但我的一个朋友，一定可以实现这个计划！"

2

易水风云客栈，一家坐落于易水河畔、集商社、酒肆、餐饮、住宿为一体的大型商业综合体。

乌氏倮一身富商打扮，我扮作他的一个随从，叫了一桌子好酒好菜，正在浅斟慢饮。

这时候，进来一个人，白衣胜雪，高挑的身姿，英俊的脸庞，眼睛好像夜空里的明月，眉毛好像墨染的春山，鼻如悬胆，一头乌黑色的头发披散着，用一根丝带束住，抹额上镶着一块美玉，腰中悬着一把宝剑，手里还拿着一件乐器。这件乐器，颈细肩圆，中空，十三弦。

这个帅气的小伙走进客栈，随便找了一张桌子座下，叫了一壶酒并几个小菜，并不饮，而是持着那件乐器，左手按弦的一端，右手执竹尺击弦发音。其声悲亢激越，仿佛燕赵的慷慨悲歌之士在易水河畔徘徊、行吟。

此时天空飘起了细雨，先缓后急，后来竟然瓢泼了一阵。雨声如珍珠落玉盘，配上这位青年的叩击声，宛如天籁，使得在场饮酒小憩的客商、游人无不沉浸其中，思绪随着雨声和击打声任意起伏，忽近忽远。

一会儿雨住了，阳光再次泼洒在大地上。

一位青衫客兀地闯进来，走到那个白衣青年的桌前蓦然然而止，他静默地立着，脸上的胡楂清晰可辨，虽然略显沧桑，但却难掩其英雄气概。他身后背着箬笠，脚上蹬着草鞋，浑身湿漉漉的，显然是刚才淋了雨。腰中横着一柄长剑，比普通的剑要长许多，而且还要宽上两寸。细看之下，长剑之下，还悬着一把短剑，又细又窄。一长一短两柄剑造就了这位青衫客无尽的杀气，一看就知道是位豪侠。

白衣人继续击打他的乐器，对这位贸然而来的青衫客视而不见。

乐音时而低回婉转，时而激越飞扬，时而飘忽淡远，时而疾风骤雨。

"好！好筑！"青衫客脱口而出，脸上洋溢着无穷的

秦青铜剑

　　发现于秦始皇兵马俑二号坑，长度为86厘米，剑身上共有8个棱面，其误差不足一根头发丝。同类青铜剑已经出土的19把，俱结构致密，剑身光亮平滑，刃部磨纹细腻，纹理来去无交错。它们在黄土下沉睡了2200多年，出土时依然光亮如新，锋利无比。

　　剑的表面有一层10微米厚的铬盐化合物，这种"铬盐氧化"处理方法，是近代才出现的先进工艺，德国在1937年，美国在1950年先后发明，并申请了专利。事实上，早在春秋战国时期，中国人就已掌握了这一先进的工艺。

　　现藏于秦始皇帝陵博物院。

倾慕。

白衣人停下来，望着青衫客："兄台，知道这是筑？"

"我虽然浅陋，可知道这是件古乐器，名为筑，自古就有，可惜今人会演奏的不多。刚才听兄台演奏，顿觉古风复生，让人心向往之。敢问兄台姓名，可否拼桌一饮！"

"如此甚好！小弟叫高渐离，不知兄长姓字？"

"我叫荆轲。本想避雨，不想竟然听到贤弟演奏天籁。如果冒犯了贤弟，愚兄这里赔礼了！"荆轲说着，恭恭敬敬地给高渐离施了一礼。

高渐离赶紧还礼："兄长不必客气，赶紧坐下与弟酣饮几杯，人生知己难遇，不料竟然在这乱世穷途遇到兄长，真是人生一大幸事！"

两个人的手紧紧握在一起。从那一刻起，荆轲和高渐离便成了知己。三杯两盏之后，高渐离再次击筑给荆轲听，

以前他为没人懂他的音乐而苦恼，现在他感到欣慰——有了荆轲这样一位知音。

荆轲一边喝酒，一边听高渐离击筑，忘情之处，荆轲会不加掩饰地哭起来。

荆轲和高渐离，就像当年的俞伯牙和钟子期，相知于乱世之中。

荆轲是个率性之人。他读书，但却绝不会让书上的道理束缚他自由的个性；他没有城府，眼里揉不得沙子，他想说什么就说什么，想哭就哭，想笑就笑，从不藏着掖着，不巴结不奉承。

他曾经游历山西，寄居在剑客盖聂的家里。盖聂把一帮朋友召集到家里讨论剑法。盖聂滔滔不绝，朋友点头称许，正在兴头处，荆轲却不顾宾客的礼节，走向前去，驳斥盖聂的观点，一点面子也不给。盖聂心中非常不满，认为荆轲不识时务，便对他下了逐客令。荆轲呢，也不生气，留下食宿费用，扬长而去。

在邯郸，荆轲与鲁句践对弈，鲁句践技不如人，连输几盘，心中郁闷，要荆轲让他几个棋子，荆轲不让，鲁句践就耍巧，偷偷地拿掉荆轲的几个棋子，荆轲发现了，与他理论，鲁句践却出口伤人，荆轲撇下下了一半的棋局，拂袖而去。

在咸阳，荆轲曾尾随一个年轻貌美的女子。女子以为他是流氓，惶恐之间误入一条胡同。不料，真的有几个流氓在那里。女子呼救，荆轲出手，三拳两脚把流氓打跑了。英雄救美，虽然老套，可是女子还是对荆轲动了心，可是荆轲却说："我跟着你，只是想告诉你，你很美丽。"

该去的地方都去过了，最后荆轲来到了燕国，当他结识了高渐离，他觉得自己可以在燕国安顿下来了。

人生得一知己足矣，因为有了高渐离这样的知己，荆轲不再感到孤独。

3

再美好的情愫，再倾心的知交，也抵不过冰冷的现实，当这两位旷世奇人要离开客栈的时候，他们把衣服上的每个角落都搜遍了，也找不出来一枚铜板。客栈的老板立刻叫来七八个壮汉，把他们两个围住，高声呵斥："你们一青一白想吃霸王餐吗？"

二人一脸的尴尬，不知所措。

老板吩咐壮汉上前搜身。

我因为倾慕二人的高风雅致，决定帮他们一下——不就是几个铜钱的事吗，至于兴师动众的吗？我喊了一声："住手！这两位的酒钱菜钱算在我账上！"

老板一听有人买单，自然就不敢造次了，连连向荆轲他们赔笑，还来到我跟前说了好些好话。

荆轲倒也爽快，向着我抱了抱拳，说："尊驾高姓大名，日后定当偿还！"

我还礼道："些许小事，兄台何必挂怀。日后若有缘再见，还请共饮几杯，畅诉平生！"

"痛快！青山不老，绿水长流，后会有期！"

荆轲说罢，刚要走，就听有人从门外进来，边走边说，声音苍老："荆大侠，我这可有一坛好酒，是我亲自酿的，你不尝尝，怪可惜的！"

荆轲立刻手舞足蹈，跟高渐离说："贤弟，今天不醉死是不行了，田老头酿的美酒，俗称三杯倒，任你多高的酒量，喝上三杯也得玉山倾倒！"

荆轲回头吩咐那老板："老板，别狗眼看人低，赶紧好菜伺候，还怕田老头不给菜钱吗？"

田光说："这家客栈配得上我这佳酿吗？今天不在这里吃酒，跟我走，我带你去个好去处！"说着，过来拉住荆轲的胳膊就往外走。

荆轲也不拒绝，拉起高渐离就跟着田光一起出了风云客栈。到了外面，田老头把坛子打开，酒香立刻溢出来。

当时我跟乌氏倮正准备启程到燕都去，正在客栈门口整顿鞍马，忽闻一股浓烈的酒香飘来，就知道这个老头坛子里装的是绝世佳酿。尤其是乌氏倮，惯喝好酒的人，嗅到这股酒香也禁不住直咽口水，感叹无缘。

荆轲不吝溢美之词："这世上只有田光才可以酿出这样的美酒，要是有一天你没了，我必然要发疯！"

荆轲无意之间的一句话却击到了田光心灵深处最柔软的一隅，田光有些悲伤地想——也许，这是我为你酿的最后一坛酒了。

田光告诉荆轲，自己是奉太子之命来请他的，为的是一件惊天动地的大事。荆轲义薄云天，当然不会推辞，说道："前辈放心，我明天就去找太子丹！"

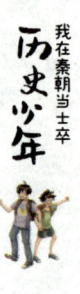

田光一笑，也算了了最后的心愿，满上三杯，敬了荆轲和高渐离，说道："为了使太子没有牵挂，我只能以死来证明我没有把这个秘密泄露出去。"说完，拔出剑，自刎而死。

那天的阳光很惨烈，荆轲几乎睁不开眼睛，他抱着田光的尸体，痛哭道："一定要这样吗？"

荆轲明白，田光是用生命来激励自己，去干一件轰轰烈烈的大事。

第二日，荆轲去了太子宫，神情寂寥——他还没有从田光自杀的悲伤当中解脱出来。

荆轲告诉太子丹，田光已经自刎。太子丹愕然，悲从中来，泪流满面。

许久，太子丹沉痛地说："秦国就像一只贪得无厌的狼，不吞并天下，绝不甘心。如今韩王已经成了秦国的阶下囚，韩国的大片土地也被秦国掠夺殆尽，又发兵向南攻打楚国，向北进逼赵国。赵国不是秦国的对手，一定会投降。如果赵国也归附秦国，燕国危矣！燕国绝非秦国的对手，就算征发全国的兵力也无济于事。我考虑了很久，唯一的办法就是刺秦。抓住秦王贪婪的弱点，靠近他，刺杀他！这是燕国唯一的希望。现在就缺一个勇于承担这个重任的壮士了，田光推荐了您，希望先生帮助燕国躲过这一劫。"

荆轲虽然心里有所准备，但还是十分诧异。一个国家的太子，未来国君的接班人，竟然把国家的生死存亡寄托在一个游侠身上。即使真把秦王刺杀了，燕国就能避免灭亡吗？但荆轲不能向太子丹表达出这样的疑问，他只是说："荆轲何德何能，能挑起这样的重担？"

哪知太子丹竟然完全不顾自己的身份，向荆轲叩头："请先生成全！"

见此情景，回忆起昨日田光悲壮的自杀场面，荆轲毅然决然地答应了太子丹刺秦的请求。

第 7 章
一代工师

1

秦朝的学徒制最长三年,卓越者一年半也可以出徒,条件是达到评委会审核标准,提供独立完成的作品。

制造陶俑这门手艺的最高评审委员会由四名高级工师组成,分别是宫臧、宫得、宫朝和宫卫。他们都是一等一的陶艺高手,隶属于皇家专属机构,具备最高评判资质。由他们认定合格的新工,可以定为初级工师,成为司空署的在编技工。然后随着资历的增加和作品的不断问世,逐渐升级为中级和高级工师。

当然,为了防止腐败和作弊的发生,参评者中若是有这

四人中某一个人的徒弟，那么这个人要避嫌。子满作为参评者，宫臧是不能参与评审的，只能旁观。一切靠作品说话，作品过硬是晋级的唯一门径。

子满毕业参评的作品是一尊将军俑。

将军俑摆在四位评审的面前，如同一位威严的将军莅临视察一样，栩栩如生。这名威武的将军，头上戴着鹖冠，冠顶有两个像羊犄角似的冲天筒，是圆柱状的。

为什么戴鹖冠呢，因为鹖是一种类似于鹰隼的猛禽，善于搏斗，想来，以它命名的冠帽昭示着一种能征惯战、英勇厮杀的战斗精神。很多戏曲里武将所戴的雉鸡翎，两根长长的羽毛在身后飘飘摇摇，寓意着英勇果敢。鹖冠也是这个意思。

鹖冠之下，是这位将军宽阔的前额，代表沧桑岁月和人生经历的抬头纹清晰可辨。将军体型略胖，腹部微挺，似乎与人们想象中威武、凛然难犯的名将气质并不符合，但现实中的将军不就是这样的吗？将军肚挺着，略有些油腻，看上去不像是个能杀人的人，可是到了疆场之上，将军肚顿时束起来，身体矫健灵活，油腻变为机警，看似不会杀人，实则自身的爵位和将军的头衔都是从杀敌中获得。

　　陶俑的身上都穿着衣服，有的穿短褐，有的穿长襦。士兵俑的待遇相对较低，只穿长及膝盖的衣服，甚至更短；而将军俑就不同了，穿得里三层外三层，不仅层数多，而且长度大部分过膝，甚至到了小腿部分；将军穿长衣服，士兵穿短衣服，这是一种区分，更是地位的象征。

　　这位将军还配有装备：一具战鼓，一面青铜铎，一张强弩和一副弓韬。

　　战鼓由鼓面和桶壁构成。鼓是扁圆的外形，用骨钉把鼓皮蒙在桶壁上，上面还安放有等距离的铜环，用来悬挂或固定。桶壁是木质的。鼓面和桶壁上装饰有鲜艳的彩绘，以红和绿为主，绘有枝蔓、卷云等线条。看得出来，彩绘的手法是红漆铁线描，铁线划过的痕迹历历在目；在蔓延的枝条和舒展的云朵之间，用大小不一的黑点填充，灵动而飘逸，显得这面鼓既庄重又神圣；线条整体上显示出浓烈和夸张的艺术特色。想想秦军在疆场上，将军擂响了战鼓，士兵"踊跃用兵"，敌军闻鼓声而丧胆。

如果说战鼓是用来进兵的，青铜铎则是用来收兵。鸣金收兵，其实就是鸣铎收兵。铎是青铜制的，悬于一个木架上。这些都是将军俑的配套设施。

秦弩以桑木为芯，弓干由密实、弹性好、韧性佳的皮条扎成。弩床上有凹型箭道，箭道经过精细的打磨，显得异常的光滑，上面也涂漆、涂蜡，用以减少发射时箭与箭道的摩擦力；弩臂后部装有发射瞄准装置，由望山、悬刀、钩心、牙组成。望山是瞄准装置。"牙"是钩住弓弦的部分悬刀是弩的扳机。钩心是用来稳定悬刀的，设置最为精巧，联结牙与悬刀，起枢纽作用。上弦时，弩手拉弦抵于望山，望山后移，牙会将弓弦挂住，钩心上承牙力，下抵悬刀，弓弩就进入备发状态。如果弩机发射，过程正好与上弦正好相反。弩弓扳动悬刀，钩心一松更下沉。牙没有了支持，就会下沉，弓弦带箭飞离。这种精密的设计极大提高了投射可靠性，误发率大大降低，而且减少了发射时的震动，可以大幅提高射击命中率。

弓韬是装弓弩的袋子，外形酷似一个狭长的河蚌，长度

秦弩

秦俑坑发现的弩弓遗迹多达数百处。从完整的弩弓遗迹判断至少应有3种不同形制的弩,弩弓为木质,均已腐朽,朽木残长130~140厘米,弩臂也已腐朽,末端安有青铜弩机,弩机通高16.5厘米,望山高5.5厘米。

同时在一号俑坑还发现一种形制特殊的弩,它是在残长64厘米的弩臂上重叠了一根木条,在弩臂上还夹有铜饰件。显然这些装置都是为了增强弩臂的承受强度,说明它是一种张力更强,射程更远的劲弩。

在二号俑坑还发现一处特大型号的铜镞,每支重量达100克。这不仅是秦俑坑也是兵器史上发现型号最大的铜镞。使用这种铜镞的必然是一种张力更大,杀伤力更强的弩。

弩出土时装在用麻布制作的弩衣内,木质部分虽已腐朽,但青铜弩机出土后仍然活动自如,表明秦代弩机的制作工艺达到相当高的水平。

铜车马

中国一级文物，1978年6月陕西省西安市临潼区秦陵封土西侧出土。

秦铜车马一组两乘，因年代久远，两乘车出土时破碎成3000多片，经过近8年精心修复，1989年陈列展出。两乘铜车马一为"立车"，一为"安车"，均为古代单辕双轮车，并按秦代真人车马按1∶2比例制作。铜车马整体用青铜铸造，使用金银饰件重量超14千克，由3500余个零部件用铸造、镶嵌、焊接、子母扣连接、活铰连接等多种工艺组装而成。

秦铜车马是中国考古史上出土的体型最大、结构最复杂、系驾关系最完整古代车马，被誉为"青铜之冠"。

现藏于秦始皇帝陵博物院。

大概相当于现在的一米五，最宽的地方近乎三十厘米，由织物缝合而成，表面呈平纹，髹漆，白色的针脚清晰可见。里面往往装着一张秦弩和若干支箭镞，箭镞是青铜制的，一般都是三棱锥体，锐利非常，破甲力、穿透力堪称一绝。

最引人瞩目的当数将军上身所穿的这副岩石鱼鳞甲，堪称将军最拉风的配置，吸引的四位评委纷纷离座近观，嘴里不断地啧啧称奇。

2

披甲是兵马俑的一大特色，无论是士兵还是将军，都要披挂上阵，只不过样式不同。兵车上的士兵，防御的重点在手臂，因此甲胄也穿在手臂上；骑兵的甲胄主要保护上身；而将军的大不相同，因为他的级别高，穿的往往是鱼鳞甲，更厉害的还要穿岩石片连缀而成的鱼鳞甲。

子满制作的这尊将军俑穿的就是岩石鱼鳞甲。

这副独具匠心的岩石铠甲，由大概两百多块形似鱼鳞的青灰色岩石片组成。这些坚硬的片石用扁铜条连缀在一起，其中包括圆形的顶片和形状各异的侧片，还设置有可以开合的铜环和铜钩。顶片中心有个圆孔，中间可以穿插铜环，铜环上面是顶缨。

整副鱼鳞甲的甲片刷玄色大漆，也就是黑漆。铠甲的边缘有精致的包边。包边上绘有鲜活的彩绘，各种纹理，张力十足，石片之间用线连缀。雪青色和红色的缝合线交替使用，显得非常别致和养眼。

还有一个抢眼的地方，石片虽然密密麻麻的，但在铠甲的四周都绘有彩绘，而且前胸、肩膀、后背有八个花结。花结在微风中颤巍巍的，衬托出将军另一种韵致。

花结的数量大有学问，有的将军有七个，有的有八个，这跟秦朝施行的军功制大有关系。花结其实就是秦军军阶的一种象征。秦国从商鞅变法开始，废除了宗室贵族的特权，以军功大小授爵封官，因此只要在疆场上勇猛杀敌，从一介白丁到佩戴八个花结的将领，并不是痴人说梦。

别看岩石铠甲不大，但二百多块石片的凿制、打磨、钻孔、连缀、包边、缝制、彩绘、调校等工序，都得一步一步由人工来完成，偷不得功省不得料，绝对是个比烧制兵马俑还要细碎、烦琐许多倍的活儿。

子满考虑到其中的复杂性，向评委会申请，先制作现成的铠甲，以后大批量使用的时候，再按照样式进行烧制。

为了赶制这样一副铠甲，还发生了一段温馨浪漫的故事。

石质铠甲

在秦始皇陵封土的东南侧发现了一处规模宏大、内涵丰富的大型陪葬坑,出土了大量的石质铠甲和石质兜鍪。这些铠甲和兜鍪均是用质地均匀细密,颜色青灰的石灰岩石片和扁铜条连缀而成,可称为"铜缕石甲、石胄"。

大批石质甲胄的整体面世,迄今在世界范围内也绝无仅有。石质甲胄填补了我国古代军事装备的空白,改变了学术界"秦代无胄"的传统认识,也填补了古代历史文献记载的空白。石质铠甲高超、精细的加工技术,增加了人们对秦代科技水平的认识。

现藏于秦始皇帝陵博物院。

当评比日期日益临近，而鱼鳞甲的制作因缺乏人手和相关技术而陷入停顿的时候，子满急出了一嘴泡。这小子平时没心没肺，哪儿吃哪儿倒，一副万事不挂怀的样子，没想到竟然在因为赶制铠甲而着急上火，以至于卧不安寝、食不甘味。

二百块岩石片已经打磨抛光好了，皮料也准备充足，金属甲片一应不缺，可是就缺乏技术娴熟的缝制女红。这可难坏了子满，因为在当时女性作为不祥之物被严禁进入陵寝建筑场地。

子满愁绪满怀，夜幕时分走出大营，沿着山路转悠。那天正是十五之夜，他回想起跟在商朝的时候，十五月圆之夜用占卜之术跟"未来"的人相沟通的情景，真是百感交集。当时明月初出山坳，孤松在月光朗照中显得遒劲挺拔。清风吹拂，倦鸟归巢，万籁渐寂。如此清明静寂的境界，子满却闷闷不乐，内心里一阵发急。

子满在月下信步，正在陷入沉思，突然一声凄厉的叫声，"不——不——救命——"，顿时让他脊背发凉。

子满掣出随身佩戴的短剑，循着声音趔摸过去。

月光清澈如水，照物如镜。在一片幽深的溪谷，一个穿着官服的男子正在非礼一

位女子。这名女子岁数不大,似乎十六七岁的光景,一脸的稚嫩,在那里苦苦哀求,苦苦挣扎。

子满当时义愤填膺,大喝一声:"蠢贼!住手!"

3

那个官人吓了一哆嗦,赶紧回头看。那女子趁机挣脱,跑到子满的身后,梨花带雨,花枝颤抖,一脸的惊恐和意外,仿佛遇到了救星一般。

官人仔细观察了一番,发现是个毛头小子,并无其他人在旁,当时胆子就大了,撇着嘴说:"哪来的小子,敢坏你大爷的好事,你知不知道我是谁?赶紧滚,别等大爷动手!"

子满心中正因为铠甲工程陷入停滞而恼火,听这个官人一说,更是怒上加怒,火上浇油,质问道:"我不知道你是什么大人物,但是我这人偏偏不信邪。"

"小子,你还真不识趣。站稳了,大爷报出名号,怕你吓得屁滚尿流!"

"大丈夫坐不更名,立不改姓,你报上名来听听!"

官人气得咬牙切齿,说:"老子是骊山陵督造营的百将,老子手底下百十号人，个个都是杀人不眨眼的魔王，今天你要是乱管闲事，别怪我不客气！"

子满气乐了，说："小小百将，竟敢如此撒野。你过来看——"他从腰里掏出一个牌子来，招呼那位百将过来看，"你认得此物吗？"

百将也抽出佩剑，参着胆子过来看，当他从头到脚看了一遍，立刻腿一软，扑通跪倒了，不住地扇自己嘴巴子，讨饶道："大爷饶命！大爷饶命！小的有眼无珠，冒犯了羽林郎，望您大人不记小人过，饶我这条狗命吧！"

子满让他住嘴，严厉警告他说："饶你可以，但你得听我三件事。"

"别说三件，就是三百件，三千件也依！"

"第一，今后不可仗势欺人，为非作歹。第二，今晚之事，我之身份，不可告人，否则杀无赦。第三，好生督造修陵，出了岔子，我第一个杀你！"

百将磕头如捣蒜，一一应承。

子满让他去了，回头对那位姑娘说："你家在哪里？我送你回去！"

姑娘擦了擦泪水，说："小女子名叫秋霜，本是雍州人氏，因为父亲犯了法，被没入官，成了官府奴隶。我们哪

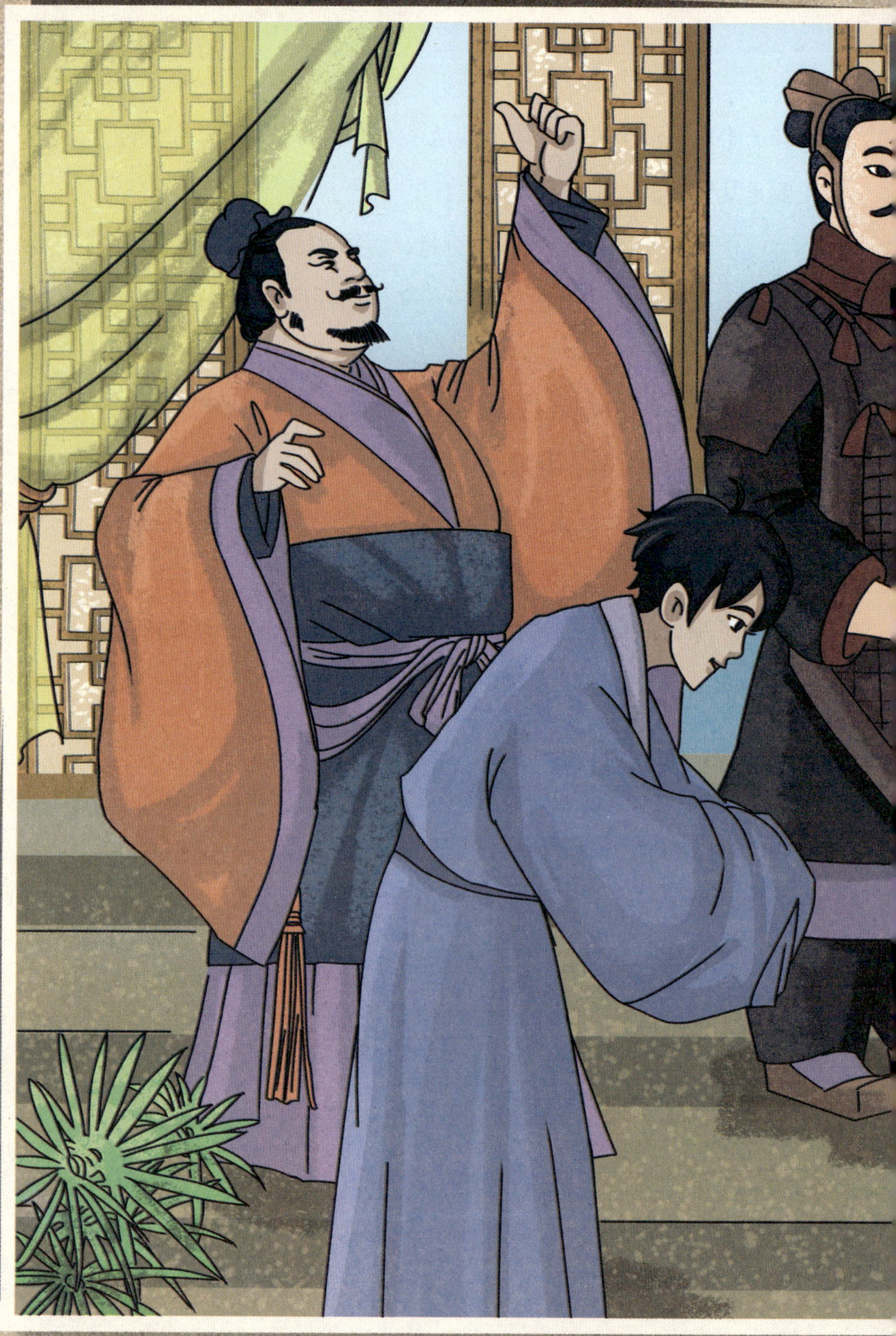

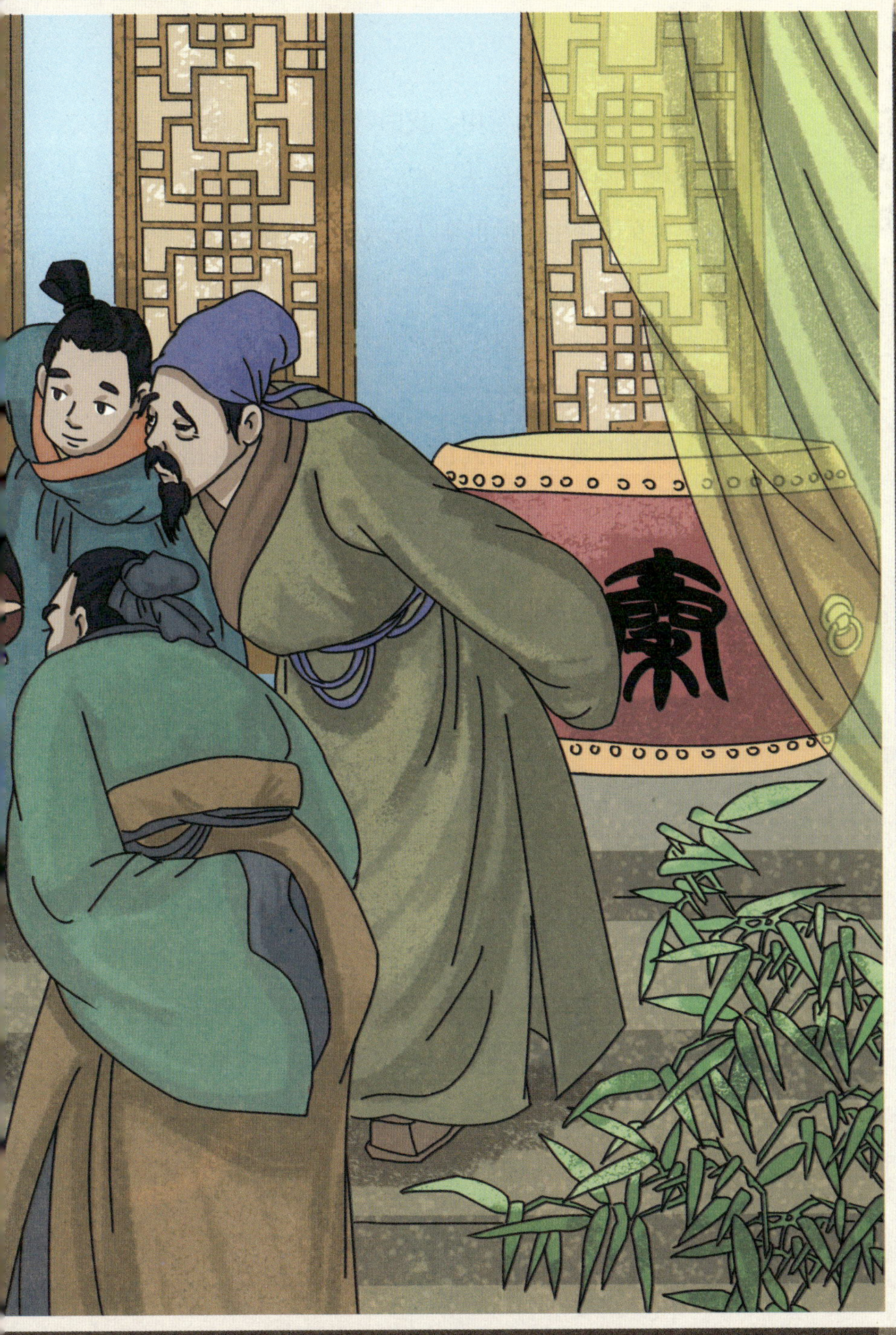
秦

里还有家,住在匠作大营中,我回营里就行。"说着,跪在地上,冲着子满不停地磕头,说,"多谢大恩,要不是您出手相救,小女子今生今世也难以见人,您就是小女子的救命恩人!"

子满赶紧把她搀起来,说:"言重了,小事一桩,何必挂齿,走吧,我送你回营!"

二人趁着月色,走向匠作大营。以子满的性格,他一定会在护送的路上,好生安慰一下秋霜姑娘,可是他心里有事,整个路上一句话不说,脸上愁云不解。

快到匠作大营的时候,秋霜问他:"恩人,你有什么愁烦,可不可以跟我说一下,说出来会好受点!"

子满唉声叹气,说:"说出来也无济于事。"他就把烦恼的原因说了一遍。

没承想,秋霜激动地说:"也是老天让我报偿公子的救命之恩,这座匠作大营里,有我许许多多的姐妹,并且我们的母、姑、姨、婶,个个都是针黹缝制的高手,恩公要是不嫌弃,我们可以帮你把铠甲缝制了,绝对不耽误您参评。只是有一件,我们不能进制俑工场,只能烦劳您把铠甲悄悄送过来,我们白天劳作完了,晚上帮您赶制!"

子满听了,如同抓住了救命稻草,语无伦次地说:"那真是太好了,真是太谢谢你了!只是辛苦你们了,我怎么忍心……"

子满说着说着,突然觉得自己有些过于激动了,内心有些尴尬,说了一句"明晚我把铠甲送到",匆匆忙忙就走了,连个再见都没说。

原来,在营造陵墓的工地上,除了工师、新工学徒以及服徭役的戍卒外,还存在数量很大的一批临时工。他们出身比较复杂,但都是犯罪比较轻的刑徒,其中有男有女。女的大都是那些犯罪官员的家属,本身并没有什么罪,而是受了牵连才罚到工地干活。

这些无辜(大部分无辜)的刑徒,当官府有公干的时候,她们要无条件地服从安排,到各种场合进行劳作;如果官府没有公干的时候,官府作为她们的所有者,会把她们租给私人做工,用她们赚钱。她们一般技术水平不高,干的都是劳动密集型的活儿,比如武器的组装、军服的缝制、浆洗和修补,以及一些琐碎的活计。

要不是有秋霜姑娘带着她的同伴们在深夜里穿针、引线、出针、入针,子满绝无可能在参评之日将一副完整的、虎虎生威的岩石鱼鳞甲展现在四位老工师的眼前。

四位工师看了眼前的将军俑、鱼鳞甲、战鼓与铜铎、秦弩和弓韬，由衷地表示了赞扬。尤其是宫臧，虽然他避嫌不能打分，可是他内心十分清楚，自己的努力没有白费，这位子满贤徒当真继承了他的衣钵，以后一定会成为一代工师！

第 8 章
惊心动魄

①

我跟乌氏倮回到咸阳,立刻到咸阳宫跟秦王汇报一路上的情形以及燕国的动向。

乌氏倮说:"君上,六国人人自危,害怕秦师东进,有识之士苦思应对之策,养尊处优者醉生梦死,到处人心惶惶,动荡不安。"

我认可这种说法,但提醒了几句:"六国确实陷入动荡,但六国

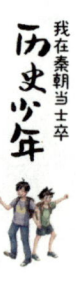

宗室不排除用极端手段对付秦国的可能，这次我们去燕国，打听到燕太子丹为了保存燕国，昼夜召集敢死之士在他宫里密谋，恐怕将来要生乱。"

秦王英气逼人，说："六国现在寝食难安，生怕寡人的铁骑踏破他们的宫阙。这不过是时间早晚的问题，尽在寡人掌握中！燕太子丹，智小谋大，不足为虑。燕国除非献出督亢之地，要不献来樊於期的人头，否则寡人必灭之！"

"君上，要防止狗急跳墙！"我还是想提醒一下。

"不妨告诉你们，在你们刺探燕国期间，我大秦铁骑已经攻破了赵国，俘虏了赵王，占了赵地，而且把前线推进到了燕国内境。留给燕太子丹的时间不多了，有什么伎俩让他尽管使出来！"秦王气吞万里如虎，不把燕国放在眼里。

燕国方面也在紧锣密鼓地采取行动。

荆轲答应了田光要帮太子丹刺秦，可究竟该如何去干，他也没个主意。他心里明镜似的，秦王守卫森严，身边的羽林郎个个身怀绝技（子六和子满除外），都不是白给的，要想靠近秦王，势比登天还难。

太子丹见荆轲迟迟不动身，心急如焚，天天去慰问荆轲，把荆轲尊为上卿，赐美酒佳肴，翡翠珠宝，满足荆轲一切需求。他还把高渐离接入宫，让荆轲随时可以听到知己的筑声。

太子丹的良苦用心荆轲看在眼里，他不敢怠慢，日夜苦思刺秦良策。说来也怪，有一天荆轲正在欣赏高渐离的筑声，突然灵机一动，一条计策涌上心头。

他赶紧急匆匆去找太子丹，正赶上热锅上的蚂蚁太子丹也来找他，两个人撞了个满怀。

荆轲兴奋地说："太子，刺杀秦王最主要的就是取得他的信任，否则休想接近他，更不用说刺杀他了。我们必须拿出让秦王动心的东西。现在秦王悬赏千两黄金和万户侯来缉拿樊将军，秦国对燕国的督亢之地垂涎三尺，如果能把樊将军的首级和督亢之地的地图献给秦王，秦王一定乐于接见我，我就有机会刺杀他！"

太子丹却为难了，说："要燕国督亢的地图可以，可是要樊将军的首级，我怎么做到呢？我当初冒着亡国的风险收留他，现在绝不会因为救国而失去他。那我成什么人了？"

荆轲叹一口气，不再说什么，其实他内心深处又何尝愿意樊将军死去呢？但这是没有办法的办法。荆轲还不是一

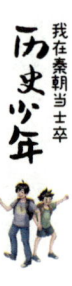

样,刺成刺不成,下场都是一死,可他还愿意赴死,因为这是为了大义。但跟太子丹讲这些,他不懂。肉食者鄙,正是因为秦王要灭他的国,他才真正忧虑起来,因为他肉食者的地位将不保,倘若不危及他自身的利益,他心中是没有什么大义可言的。

荆轲只好亲自找到樊於期,试探他说:"秦王残暴,樊将军对秦王有恩,他却要悬赏千两黄金和万户侯来取你人头,你作何感想?"

樊於期捶胸顿足地说:"每当想到这件事情,我就吃不下饭,睡不着觉,我恨不能亲自把秦王杀了,可是苦于没有好的办法。"

荆轲进一步说:"太子丹对你如何?"

樊於期说:"在我穷途末路的时候,我曾经流浪过很多国家,只有燕国肯收留我。太子丹可以说是我的再生父母,对我恩重如山。"

荆轲见时机已到,就挑明说:"我现在有一个办法,既可以让将军报秦王的仇,又可以让将军报太子丹的恩。"

樊於期说:"如果有这样的办法,我万死不辞。"

荆轲说:"如果我能得到樊将军的首级和燕国督亢的地图,把它们献给秦王,我就有机会接近秦王,从而刺杀他。"

樊於期激动地说："这是我日思夜想的事情，如今终于可以实现了！"说完，撩开衣袖，割腕自杀。

面对樊将军的尸体，一股悲痛的情绪涌上荆轲的心头，为刺秦，田光死了，樊於期死了，他们的死都是为了成就荆轲。

2

太子丹听到樊於期的死讯，急速赶来，趴在樊於期的尸体上，痛哭流涕。

荆轲让人把樊於期的头颅用匣子装好。太子丹花费重金购得一把锋利无比的匕首，然后用最厉害的毒药淬炼，以达到见血封喉的效果，确保刺中必死。

临行之时，太子丹又给荆轲推荐了一个助手，名叫秦舞阳。

荆轲上下打量秦舞阳——一个愣头青，一看就知道没见过什么世面，目光犹疑闪烁，恐怕到了关键时刻缺乏定力。荆轲摇了摇头。但是太子丹推荐的，也不好说什么。

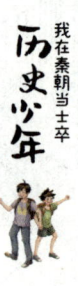

临行之时，高渐离到易水河边给荆轲送行。

荆轲似乎有很多话要跟高渐离说，却不知道从何说起。

未语泪先流，荆轲先发了话："请你用筑声送我一程吧，也许我从今以后再也听不到你的音乐了。"

高渐离一阵哽咽，眼泪在眼眶里打转。他一句话也不说，用最庄重的姿态弹奏出一曲千古绝唱。

荆轲和着筑声歌唱起来，歌声凄厉悲切，歌词无限悲壮——

风萧萧兮易水寒，壮士一去兮不复还！
探虎穴兮入蛟宫，仰天呼气兮成白虹！

明知道是一条不归路，却依然要踏上征途，这就是荆轲。

我们可以想象一下，当一个人知道去做某一件事情必死无疑的时候，虽千万人吾往矣，这是一种怎样的气概和心境！

一曲歌罢，荆轲跨马而去，头也没回。剩下形单影只的高渐离和一片肆意铺陈的血色残阳在易水河畔对照成一幅生死决绝的画面。

身处咸阳的我，这几日心里栖栖惶惶，总感觉要出事，但也不知道事从哪里出。这一天正在家中喝点小闷酒，乌氏倮突然来找我。

"将军，你还记得易水风云客栈吗？"将军当然是对我敬称，其实我的爵位不过是个不更，职位不过是个郎官，还是个士卒，离将军还远着呢。

"记得啊，白衣人，青衫客，击筑之声，绕梁三日，如何能忘怀？"

"那个青衫客名叫荆轲，已来到咸阳，去了中庶子蒙嘉的府上，随身携带着大量的金银珠宝，恐怕有什么不轨的目的。"

"关于荆轲，你了解多少？"

"我只知道他是个豪侠，为了一句承诺，可以不顾死活，着实是个危险人物。我的细作还探听到了荆轲入秦的目的，据说是为了献上樊於期的人头和燕国督亢之地的地图。"

"难道他是代表太子丹来投诚的吗？恐怕没那么简单吧。不行，我得去会会这个荆轲，易水河畔曾有一面之缘，我正好借此探听一下虚实。他们现在住在哪里？"

"渭阳商社。离马市不远，我可以提前布置一下，免得将军有不测之险。"

"不用了，没那么复杂，就当是会会老友！"

我一阵风似的来到渭阳商社，那可是咸阳城有名的商贸集散地，各国客商云集于此，好不热闹。我进入大堂，恰好荆轲和秦舞阳正在饮酒。我走到近前，施礼说："仁兄一向可好，易水一别，倏忽半年，今日咸阳相见，真乃幸事！"

荆轲先是一愣，然后仔细打量我几眼，一把握住我的手，说："原来是兄台！易水解难，恍如昨日。幸会，幸会，如蒙不弃，请坐下略饮几杯，以叙别情。"

我并不客气，豁然而坐。

荆轲也坐下，问："兄台是咸阳人？"

"非也，我也是贩马至此，看见仁兄在这里豪饮，就进来一叙。仁兄怎么来到秦国？"

"一言难尽。你在别人遇到难关时能够出手相救，自然也是我辈中人，只不过这次来秦国是为了一件大事，兄台还是不问为好，免得到时候受牵连。"

我一听果然有隐秘，故意说道："听说燕太子丹以国士待你，此次入秦，你不会是替燕太子丹来贿赂秦国的吧？"

荆轲哈哈大笑，说："天下都要贿赂秦国以自保，人人自危，个个怕死，我却偏偏不怕，这次入秦，要让秦王和秦人看看六国豪杰的胆魄！"

这可不是贿秦的节奏。我又问："秦王是雄主，统一是趋势，六国何必逆流而动，自取其辱呢？自古道，顺势者昌，逆势者亡，仁兄何不顺势而为，免得一场徒劳，白费了性命？"

"秦王，虎狼之人，视天下为鱼肉，必欲蚕食之而后快。我虽然一介游侠，但懂得对国要忠，对友要义，为了忠义二字，性命何足道哉！"

一股不祥的气息扑面而来。我匆匆作别。回去的路上，我先是去了武库，拿了一把秦国最上乘的青铜剑，然后直奔咸阳宫。

我和荆轲并非至交，但我倾慕他的为人，绝不会因为心中有疑虑就带领羽林军捉捕他；但我作为羽林郎，保护秦王是我的职责所在，所以我要在荆轲入宫之前，把防卫工作做好。

3

蒙嘉收受了荆轲的贿赂，把携带着樊於期人头和督亢之图的荆轲引荐给秦王。为此，秦王特意穿着正装，在咸阳宫的大殿接见了荆轲和秦舞阳。

秦王坐在御座上俯视着他们。

荆轲端着装有樊於期头颅的匣子一步一步走上台阶，神情自若。秦舞阳亦步亦趋，看得出来，他被巍峨的咸阳宫和高耸的台阶震慑住了，一面上台阶，腿肚子一面转筋，内心十分慌乱。

进入大殿，行了礼，荆轲先把装有樊於期头颅的匣子呈递给秦王。

秦王让人打开，看了看，满意地说："很好，多谢燕王替寡人杀了这个叛贼！看来，我要赏燕王一个万户侯当了？"

燕王贵为诸侯王，秦王却说赏他个万户侯当当，这不是强烈地暗示秦国要灭掉燕国，把燕王贬为大秦的一位诸侯吗？

大殿上顿时传来秦朝大臣的哄然大笑。

在哄笑声中，秦舞阳终于控制不住内心的慌乱和恐惧，捧着盒子的手像架在火上烤一样，猛烈地哆嗦，盒子眼瞅着快要坠落。

秦国大臣看着这个燕国的乡巴佬，又是一阵哄笑。

荆轲害怕秦舞阳误事，赶紧说："我的朋友没有见过世面，今天第一次见到大王的仪容，又激动又紧张，所以有些失态，还望大王海涵。"

秦王毫不介意，说："督亢之图何在？"

荆轲沉静如水，回过头从秦舞阳手中接过盒子，双手捧着，跪着向前走，打算把盒子亲自交到秦王手中。

这时一名羽林郎高声喝道："大胆！外邦小子，岂敢接近君上！"

秦王一摆手，示意荆轲可以上前。

荆轲从容不迫，不紧不慢地跪行到秦王的面前，镇定地为秦王打开盒子。

秦王看到盒子里是一卷地图，顿时眼睛一亮。

荆轲小心翼翼地从盒子里拿出地图，把地图慢慢地展开。

秦王此时此刻幻想着大秦的铁骑正驰骋在燕国的督亢之地，猎猎军旗，漫天飞舞。

等荆轲把地图完全展开的时候，一把匕首忽然露了出

传国玉玺

　　传国玉玺，简称"传国玺"，是皇帝的印玺。其方圆四寸，上纽交五龙，正面刻有"受命于天，既寿永昌"八篆字，以作为"皇权天授，正统合法"之信物。

　　据传是秦代丞相李斯奉始皇帝之命，用蓝田玉镌刻而成，为中国历代正统皇帝的证凭。秦之后，历代帝王皆以得此玺为符应，奉若奇珍，国之重器也。

受命于天，既寿永昌（想象图）

来。荆轲猛然抄起匕首，对住秦王的前胸，用尽洪荒之力，以迅雷不及掩耳的速度，刺向秦王。

说时迟，那时快，匕首像一道闪电劈了过去。

秦王虽然早有防范，还是大吃了一惊。他慌乱之中急忙躲闪，匕首刺空，刺在了秦王的衣袖上，一阵裂帛的声音在大殿中响起，秦国大臣纷纷惊诧，但谁也不敢向前。

秦王冷笑，说："子六说得没错，狼子野心，不自量力！荆轲，你以为你刺得了寡人吗？"

荆轲也不多说，立刻向前一个箭步，第二下顺势刺出。

秦王赶紧躲在柱子后面，眼角观察荆轲的动向。

荆轲两击不中，像发了疯的鹞子一样，飞旋着把第三下刺出去，结果又被秦王躲开了，匕首碰在石柱上，火星迸射，寒光闪耀。

秦王狼狈躲避，他想拔出随身佩戴的长剑，可是剑太长了，秦王拔了半天拔不出来，这下可急坏了秦王，他本想跟荆轲一决高下的，谁料想剑拔不出来。

这时我率领着羽林军冲进来。我一看此情此景，赶紧喊道："君上，腰中还有短剑！"

秦王一下子醒悟过来，昨晚我从武库给他选的那柄青铜剑在腰际悬着呢，情急之下居然忘了。他赶紧抽出青铜剑，

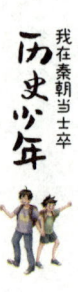

擎在手中，转身用剑封住荆轲的攻势。

按大秦制，大臣上殿朝会禁止佩剑，即使特殊情况下可以佩剑，也不能接近御座，因此险情突发时，大臣们和羽林军光着急，也不敢向前。

这些大臣为了表示忠心，一股脑将秦舞阳围住。

秦王和荆轲陷入僵持。羽林军团团将大殿包围。秦王专注于跟荆轲对峙，偏偏没有下达任何命令。很尴尬的场面发生了，大臣们只能控制住秦舞阳，望着御座吃惊，羽林军干着急，也只是观望而已。

后来我急中生智，看见御医夏无且随身携带着药箱。我连忙夺过来，悄然来到我所能够达到的距离御座最近的地方，猛地朝荆轲砸了过去。

荆轲头部被药箱砸中，血汩汩直冒。回头一看是我，一脸的疑惑，似乎在说——这小子不是马贩子吗，怎么混进咸阳宫，还给了我一下子，他算哪头的？

正在荆轲走神的时候，秦王奋起反击，用青铜剑狠狠地砍在荆轲的腿上，以那把青铜剑的锋利程度，一下子就把荆轲的腿砍断了。

荆轲跌倒在地，血水迸流不止。他用尽最后一丝力气，又把手中的匕首投向秦王，但由于力度不够，匕首没有刺中秦王，而是碰到柱子掉在了地上。

这时秦王大喊："羽林郎安在？"

羽林军接到指令，潮水一般涌上来，把荆轲团团围住，把他正法。

三月后，不幸的消息传到燕国，太子丹彻底崩溃。

高渐离为此击了一夜的筑，流了一夜的眼泪。他决定从此不再击筑，因为他失去了知音。

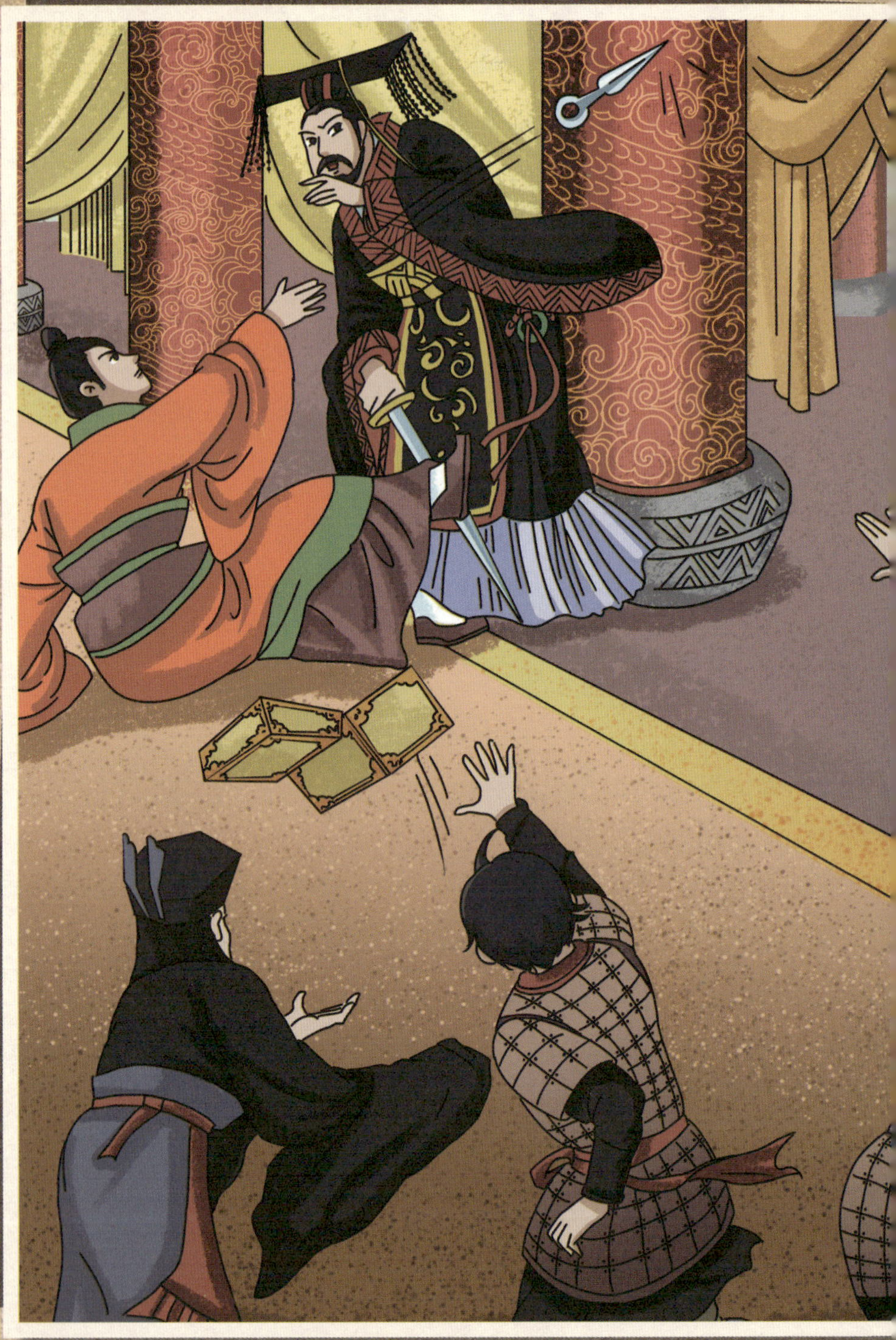

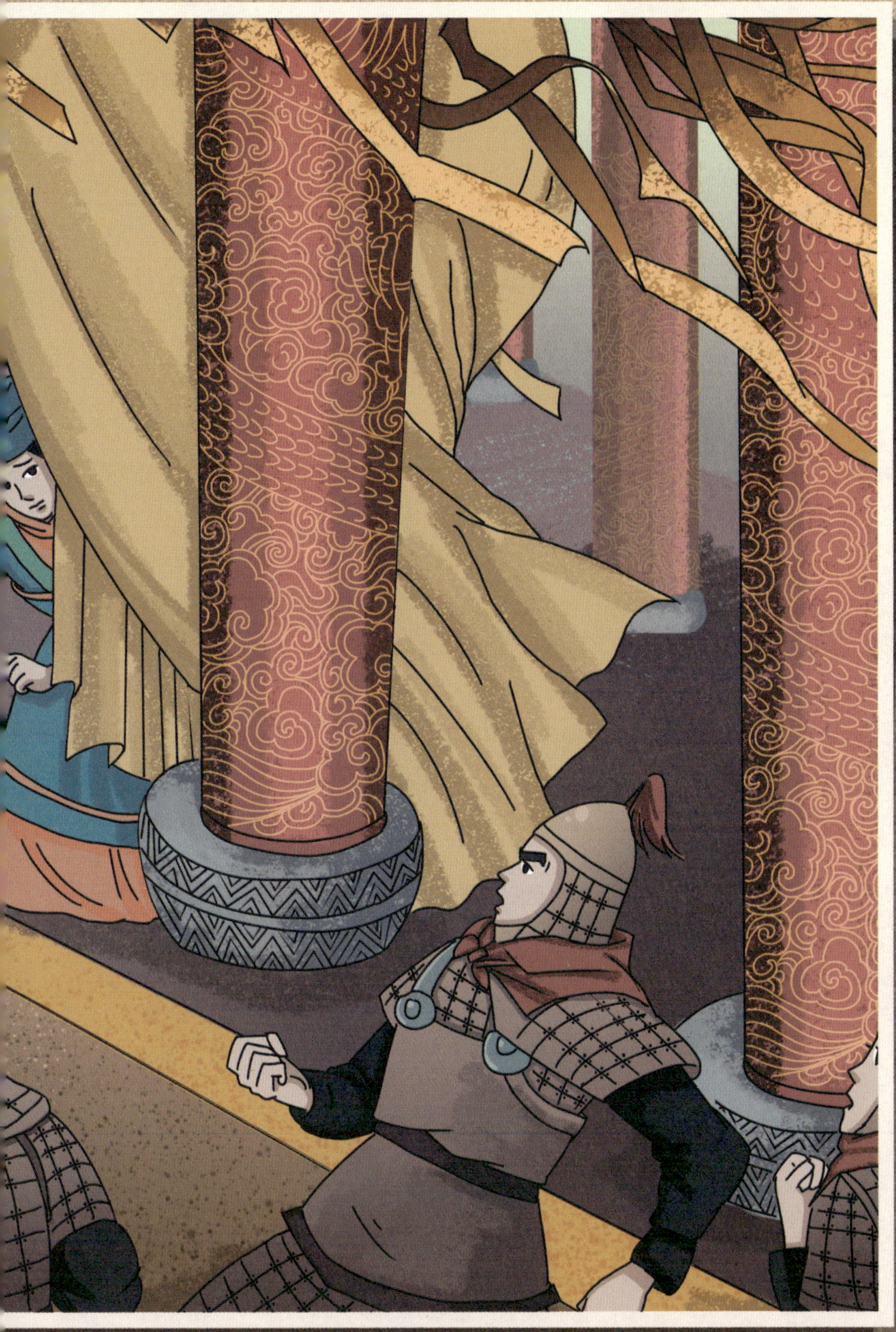

第 9 章
天下一统

①

　　荆轲血溅秦廷，秦王虽然有惊无险，但也感到六国之人不可相信，不过秦王也没有停止继续任用从六国来的人，这一切，都归得益于十年前那场"逐客令"风波。

　　公元前 237 年，因为郑国利用修渠打算疲秦，秦王一怒之下，颁布逐客令，驱逐从六国来的客卿。在被驱逐的人中，有一个名叫李斯的人，现任秦国客卿，之前做过长史，刚来秦国的时候也是羽林郎，算是我的一个前同事，他眼看着自己顺风顺水的官运马上就要结束，赶紧写了一封《谏逐客书》，想要秦王收回逐客令。

他在《谏逐客书》中说:

　　我听说群臣议论逐客,这是错误的。从前穆公求贤若渴,重用外来的由余、百里奚、蹇叔、丕豹和公孙支,兼并了二十国,称霸西戎。孝公重用商鞅,实行新法,富国强邦,打败楚、魏,扩地千里。惠王用张仪的计谋,拆散了六国合纵,迫使各国服从秦国。昭王得范雎,削弱贵戚力量,加强了王权,蚕食诸侯,成就帝业。这四代王都是由于任用客卿,才使秦国越来越强大的。客卿有什么对不起秦国的呢?如果这四位君王也下令逐客,恐怕国家既没有富利之实,也没有强大之名。况且,秦王的珍珠、宝玉都不产于秦国,美女、好马、财宝也都是来自东方各国。如果只是秦国有的东西才要的话,那么许多好东西也就没有了。为什么这些东西可用,而宾客就要被驱逐?看起来大王只是看重了一些东西,而对人才却不能重用,其结果是加强了各国的力量,却不利于秦国的统一大业。

鲁迅先生曾经说过:秦之文章,李斯一人而已!就是为这篇《谏逐客书》而发的。

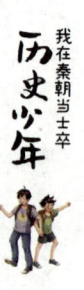

这个李斯何许人也，敢给秦王写这样一封信？

话还得从两只老鼠说起。

有这样两只老鼠，一只生活在厕所里，叫厕鼠；一只生活在粮仓，叫仓鼠。厕鼠食腺啖臭，营养不良，又偷窥人类隐私，时常遭到喊打而终日惊慌失措。仓鼠吃的是粮食，管理员多少天才来一次，又安全又干净，因此体格粗壮有力，养尊处优。

李斯看到两只老鼠的不同境遇，陷入了沉思。他最终参悟了其中的奥秘：人生如鼠，其尊卑贵贱完全是由不同的社会环境和社会地位决定的。在此基础上，他进一步推论，人要做就做仓鼠，切莫做厕鼠。

于是，他说出了他那句名言："人之贤不肖譬如鼠矣，在所自处耳！"意思是，人生的好与坏，就像那两只老鼠一样，关键在于他们的处境。

这就少年李斯形成的价值观，也是他留给后世的老鼠哲学。

李斯长大后，离开楚国，拜荀子为师，学习帝王之术。

荀子是先秦诸子中最后一位大师，他的学说源于儒家思想，但他的观点对各派学说都有所继承。其政治思想，主张礼法兼治，王霸并用，强调尚贤使能，反对世官世禄。

这样的观点在当时非常实用，因此成为显学。当时李斯还有一位同学，名叫韩非，也是非常有名的大咖。

学有所成后，李斯审时度势，认为当时六国软弱无能，只有秦国志在统一天下，能够为他提供施展抱负和才华的用武之地，于是他决定投奔秦国。

李斯入秦后，正赶上秦庄襄王去世，秦王嬴政继位。

他先在相邦吕不韦手下做门客，后来吕不韦觉得他是个有才干的人，就任命他为郎，成为秦王的随身侍卫。

有一次出巡，他趁机跟秦王说："一味等待的人，就会坐失良机。要想建功立业，就要抓住时机，敢于下手。为什么穆公的霸业没有吞并六国之地呢，因为当时六国还强盛，周室的声望还在，所以五霸轮流坐庄，还不忘打出尊奉周室的幌子。孝公以来，周室衰微，诸侯相互兼并。秦国凭借优势奴役六国，屈指算来已然六代了。如今诸侯服从秦国，就像郡县隶属中央一样。凭借秦国的强盛，君上的英明，势如秋风扫落叶一样，足以消灭六国，统一天下。这可是千载难逢的机会！如果错过了这个良机，六国就会再度强盛，相互缔结盟约，到那时候，君王纵使有黄帝的才干，也不能完成统一了。"

这一番话，深深地打动了秦王。秦王不但接受了李斯的建议，还任命他为长史，不久又让他做了客卿。

到此，李斯完成了对自己那番"老鼠哲学"的完美阐释。他以自己的亲身经历告诉世人，社会地位和环境具有可塑性，这种后天的塑造对人生的影响非常重要。

2

秦王看了李斯的上书，头脑也渐渐冷静下来。他认为李斯说得情辞恳切，非常符合秦国的历史和现状，对未来的统一大业也大有裨益，于是果断地采纳了李斯的建议，立即取消逐客令。

李斯仍然受到重用，被封为廷尉。

逐客令取消不久，魏国人尉缭也来到秦国。尉缭向秦王建议——以秦国的力量消灭六国毫无悬念，但是如果六国联合起来，合纵抗秦，结果就很难说了，最起码会延缓统

一的进程，因此，秦国应该向六国的"豪臣"行贿，破坏他们的联合，就可以达到兼并六国的目的。

尉缭的计策跟李斯如出一辙，还在李斯当长史的时候，他就谏言秦王，派遣谋士携带重金去游说诸侯，收买人心。诸侯名士有爱财的，就用重金贿赂，让他们为秦国谋事，不接受贿赂的，就派刺客去杀死他，扫清统一道路上的障碍。这个计划成功了，再派良将紧随其后攻城略地，统一就会稳步实现。

正所谓英雄所见略同，秦王对二人的策略大加赞赏，贿赂六国的车辆如同流水一般从咸阳发出。六国却在不断地孤立和瓦解中离心离德，不可避免地成为秦国刀俎上的鱼肉。

然而，正当李斯在秦国的地位不断上升的时候，他却见到了他最不愿意见到的人。这个人就是他的同学，口吃的韩非，一个能让他黯然退出秦国政治舞台的牛人。

韩非是韩国的公子，爱好刑名法术，与李斯同求学于荀子门下。他生来口吃，说话不太利索，但很能著书立说。李斯常因此而自卑，认为不如韩非。

在众多的门生中，荀子认为韩非和李斯最优秀，将来前途不可限量。荀子曾说："韩非才质超群，可惜太露锋芒；

李斯心智过人，只恐失于忠厚。但有二子在，吾道不穷矣。将来出将入相，楚国有望，秦亦不足惧矣。"

太露锋芒就会招人嫉妒，失于忠厚就是心怀狡诈，荀子对自己的两个爱徒可谓知之甚深。荀子希望他们两个能都以自己的才学出将入相，振兴自己的国家，那样秦国的扩张就不足恐惧了。

可是，韩非和李斯都违背了老师的意愿，都去秦国做了客卿。

在韩非看来，儒以文乱法，侠以武犯禁，主张国家在平安的时候可以宠幸那些有浮名虚誉的文人，而危急时刻则需起用那些披甲戴胄的武士。而韩国的现状却恰恰相反，勇敢的武士得不到重用，浮夸的文人说客却得到赏识，这不正是韩国衰落的征兆吗？

韩非觉得韩国这样下去迟早会被强秦所灭。他悲愤那些清廉正直的臣子不为奸邪之臣所容，考察历史上治国得失的演变轨迹，写下了不少著述，像《说难》《孤愤》《五蠹》等，对后世影响深远。

他的书传到秦国，深受秦王赞赏，甚至跟人说："寡人要是能见到此人，与之交往，死而无恨！"

当时，去秦国做客卿可以说是一种潮流，六国有识之士、文武双全的能人异士、巧舌如簧的纵横家……只要有一技之长，都能在秦国得到任用，发挥自己的才智。韩非是荀子的得意门生，学识才干都在李斯之上，李斯尚且得到秦王的重用，何况他呢。

可笑的是，秦国攻打韩国，没等韩非入秦呢，韩王却把韩非当作人质送到了秦国。到了秦国，韩非本想着面见秦王，向他贡献自己的智慧和才干，就像自己的同学李斯那样。

世事难料，成为他命中克星的正是他的这位老同学。

李斯是个功利性很强的人，他绝不容忍自己的"仓鼠"的待遇遭到破坏，他骨子里有深深的自卑，由自卑而产生的嫉妒，让韩非死于非命。

李斯跟秦王大讲韩非的坏话。他说："韩非是韩王的同族，大王要消灭各国，韩非忠于韩国不忠于秦国，这是人之常情。如果大王决定不用韩非，把他放走，对我们不利，不如依据法令把他杀掉。"

秦王轻信李斯的话，就把韩非抓起来。之前要跟韩非交往的强烈愿望成了一句鬼话。

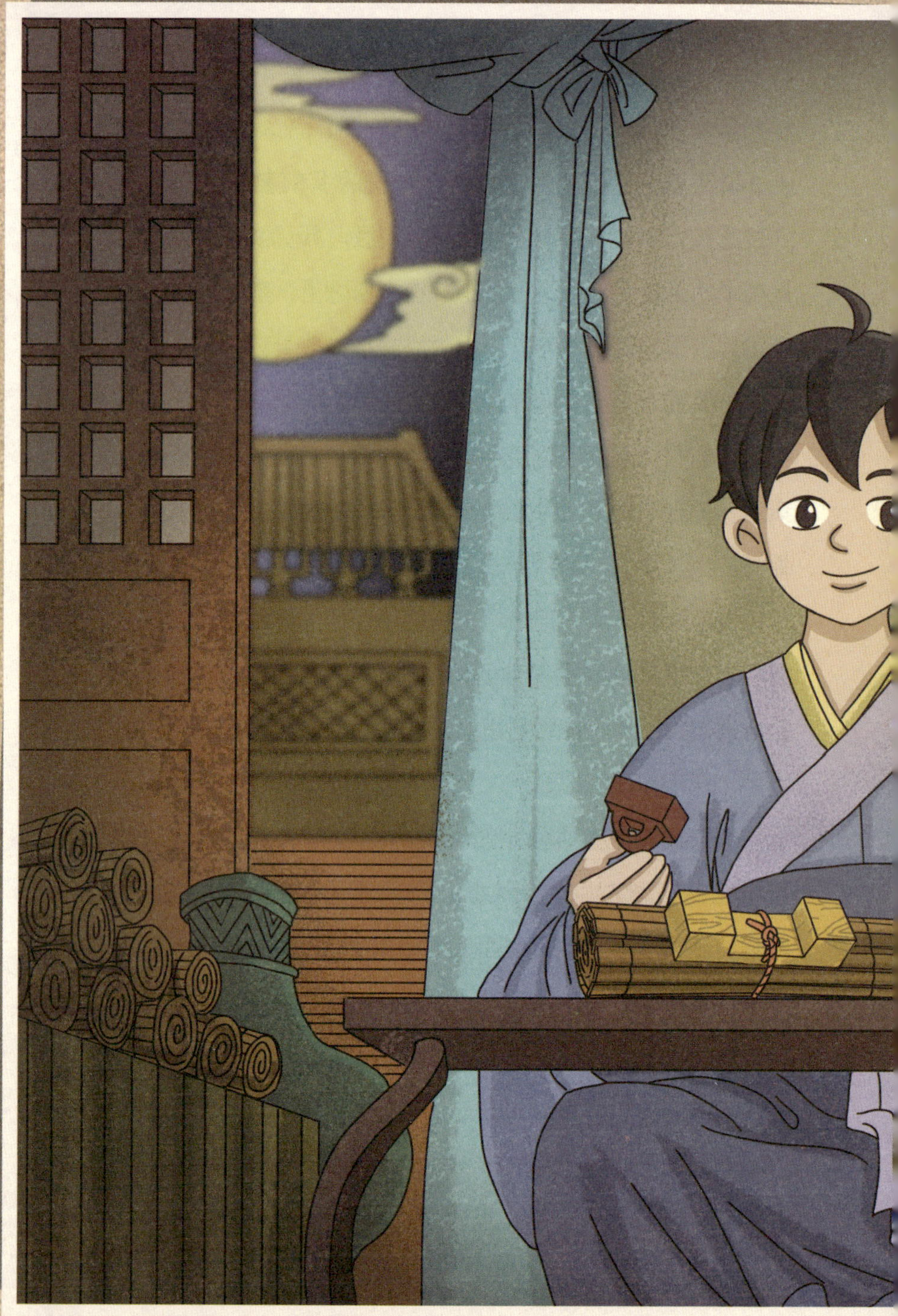

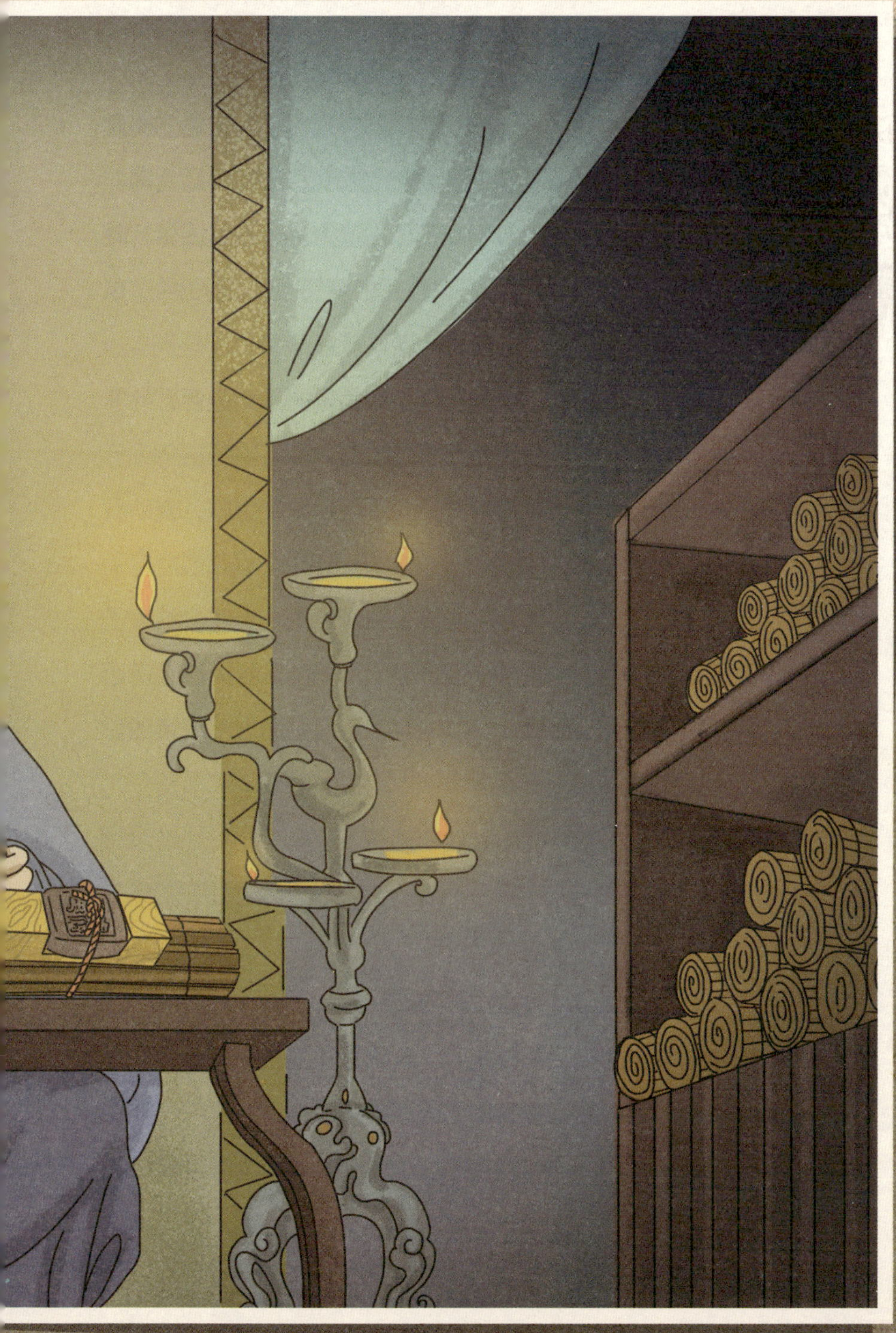

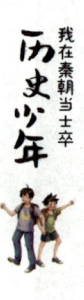

在狱中，又有一个人说了韩非的坏话，那就是上卿姚贾。这个姚贾立过战功，深得秦王宠信。锋芒毕露的韩非却上书秦王，说姚贾出身不高贵，当过大盗，在赵国做官时被赶跑过，认为这样的人不堪重用，使得秦王很扫兴。事后秦王向姚贾问起韩非，姚贾当然以牙还牙了。

性格上的锋芒太露，加上李斯和姚贾的恶意进谗，韩非最终在狱中吃下了李斯为他准备的毒药，一命呜呼。

从此以后，李斯再没有对手，更可以放开手脚，襄助秦王统一六国。

秦王嬴政二十六年，秦国终于完成了统一大业，结束了春秋战国长期分裂割据的局面，建立了一个东到大海，南达岭南，西至甘青高原，北至今内蒙古、辽东的大一统帝国。

那一年，秦王三十九岁。

3

秦朝统一后，秦王变成了秦始皇，李斯为丞相。为了巩固中央集权的大一统政权，李斯积极谋划统一文字、度量衡，在全国积极推行郡县制，大规模修建直道。

在刚完成统一的那些日子里，咸阳宫成为全国最繁忙的地方。我在荆轲刺秦事件中护驾有功，被擢升为官骑，负责侍从始皇帝出行，隶属于中大夫令。说白了，我就是专门为始皇帝赶大车的，只管驾辕赶车，别的一概不管。可国事繁忙到连我们这些宫殿保卫、皇帝仪仗部队的郎官都要参与政事的传达和发布。

我这位为始皇帝驾车的官骑被分配了一个管理封泥的任务。

刚开始我以为也就是个不要紧的职务，后来才知道，别小瞧一块小小的封泥，却关系着大秦整个的政令、政事的传达。

从外形看，封泥就是一坨干泥，比我铅笔盒里的橡皮擦略大一点，用来干吗的呢？用来封住装有简牍的竹筒的封口。一般情况下，简牍上写好了人事任命或政令发布的公文，然后用绳子把这些竹简连缀起来，卷好，在外面加一枚带凹槽的木质或竹制的封泥匣子，再用绳子把竹简、木块绑好，取一块封泥按入方槽中绳结上，然后加盖官印，泥块正面就形成了凸起的印文。

对于封泥来说，简单一点的，从封泥坨上随便揪一块堵上就行了，并不讲究形状的规则与美观；讲究的，必须用封泥匣，封泥的形状必须方方正正，丝毫马虎不得。

秦封泥

　　主要流行于秦汉时期的封泥称之为"秦封泥"。封泥又叫作"泥封",它不是印章,而是古代用印的遗迹——盖有古代印章的干燥坚硬的泥团——保留下来的珍贵实物。由于原印是阴文,钤在泥上便成了阳文,其边为泥面,所以形成四周不等的宽边。封泥是一种官印的印迹,为古代缄封简牍钤有印章以防私拆的信验物。

所幸我不负责那些细碎的连缀、捆绑的工作，只负责封上封泥，加盖官印，仅此两项，天天累得我手腕发酸，头晕目眩。

其实封泥就相当于现在的信封，上面同样会写清发出地点、收件人信息、发出时间等等，咱们常说的一封信，为什么论"封"而不论别的，就是从封泥这儿来的。

封泥虽然是重要的公文工具，国库的入库、调拨，都需要有批文、凭证，这都需要封泥，但一封公文完成了封缄、送达、签收、拆封、阅览后，封泥的使命算是完成，可以被接受者任意抛弃，如同垃圾。当然了，有收藏封泥癖好的人另当别论。

现在回想起来，那一阵子真是忙得我脚打后脑勺，也让我见证了一个崭新国家的勃勃生机。

始皇帝三十四年，群臣聚在咸阳宫，大贺秦朝一统。

来自六国的乐师和乐器，在咸阳宫的大殿里，上演了一场风华绝代的演奏。

其中最惹人心醉的要数石磬。这种乐器起源于遥远的远古时期，当时的人们发现某些石头可以发出优美悦耳的声音，就在劳作之余敲击这种石头，同时装扮成各种野兽伴舞助兴，在原始的祭祀活动中也经常使用这种乐器。

石磬作为一种打击乐器，其制作和使用有非常严格的标准，其形状经过时光的洗礼，到了秦朝的时候已经演变为一种顶部有孔的悬挂乐器。顶部的孔成为倨句，敲击的面成为旁，横面为博，孔两侧的边一长一短，短者成为股，长者成为鼓。额滴神啊，要是聊天的话，鼓股怎么区分啊，我严重怀疑古人是不是搞错了。

后来，单独的石磬已经满足不了人们的听觉体验，高明的人就把大小不一的石磬组合起来，高低不等地悬挂到木架上，成为编磬。

到了战国，编磬成为庙堂之乐，被赋予了更多的政治意义，寓意着安邦定国，它往往与钟、镈等组合在一起，成为宫廷礼乐、宗庙祭祀、朝会宴飨、婚丧嫁娶等重大场合、典礼上必备的佐料。

我当时负责演奏现场的保卫工作，有幸亲眼见证了编磬演奏的华丽现场。

先是有卫士抬过一个高大的木架来，上面悬挂着高下不等的石磬，石磬表面的彩绘夸张飞扬，引人遐想。穿着典雅又不失艳丽的女乐师，手持着木槌，轻盈地敲击，编磬的乐声随之而来，旋律婉转，音色平和，跟当时一统天下、歌舞升平的时代之音十分契合。

　　我在编磬的优美乐声中,在舞女曼妙婆娑的舞姿中,在始皇帝不可一世的豪气中,在群臣不吝溢美之词的歌功颂德中,忽然产生了一种莫名的伤感——

　　大都好物不坚牢,彩云易散琉璃脆!

第 10 章

帝车巡陵

①

咸阳宫到骊山陵的直道修好了，路面是夯土修筑的，不仅坚硬结实，而且宽阔笔直，可容四车并进，两旁还整齐地栽种着绿植，除了车马的速度赶不上今天的高速公路，其他规制和布局等并不差。

始皇帝大为高兴，吩咐我准备大驾，要去骊山陵巡察一番。

我一听要准备大驾，心里既兴奋又担心，兴奋的是这可是统一后始皇帝第一次用大驾——平时多用法驾，可见这次巡陵意义非比寻常；担心的是，我作为负责皇帝出行的官骑，第一次主持大驾出巡，心里着实忐忑。

在古代，皇帝和官员出行要有卤簿，相当于现在的仪仗队、军乐团、舞蹈队、车队、保安队、交通指挥大队等团队集于一体的一套制度化的东西。级别不同，卤簿的组成也不一样。天子的卤簿一般分为大驾、小驾、法驾三种，规模大有区别，其中"大驾"级别最高。因此，我们常说某人"大驾光临"。

天子驾六，也就是说天子大驾出行，要乘坐六匹马拉的车，称作"六马金根车"，这是始皇帝创制的，金根车顾名思义，就是用黄金装饰的车。始皇帝所乘坐的金根车，耗费金银的重量不低于一钧（约十五千克），非常豪华和拉风。

除了金根车，大驾还配套有"五时副车"，驾四马。副车按东方青、南方赤、西方白、北方黑和中央黄等五行配置，副车的颜色和方位对应，各色副车有立车和安车两种组成。立车和安车的区别在于驾驶方式的不同，立车的驾驭方式为站立策马，安车则是坐着策马。

立车类似于今天的敞篷车，车体的中间安放一把伞盖，伞盖可以自由拆卸和调整方向，伞杠和伞座之间用锁来闭合固定，稳当无比；伞盖的倾斜度可以随时调节，灵活方便，伞杠的顶端跟伞盖连接处安有齿轮，比现代伞的设计毫不逊色。

立车配有弓弩和装箭镞的笼箙，里面最多可盛六十六支箭，除了进攻的武器，还配有用来防卫的立盾和子盾。立盾用来抵挡外来的攻击，子盾是车的防护器具，上面髹漆，并绘有鲜活的彩绘。立车在法驾出行的时候，是引导车和护卫车，其实就是战场上的战车改装版。

安车是皇帝的卧车，金根车坐累了，可以到安车里躺一会，里面又豪华又舒适。安车不像立车那样敞篷，而是有个车厢。车厢开三个窗子，一个在前，左右各一，前窗有合页，可以上下开合；左右两窗安装滑轨，可以平行推拉。三个窗子都是镂空的纱窗，四方连续的菱花纹，窗纱质地很薄，纺织的纹路呈斜方格状，细微的织孔密密麻麻，阳光从外面透进来，里面感觉如同星光万点，那股惬意劲就别提了。

车厢底部铺有车茵，一张厚墩墩的褥子，四角窝边，手工缝制，针脚密致，边线服帖匀称，四边留白齐整，绘有图案。

更耀眼的是，车轴两边挂着飞軨——悬吊着的铜片，上面系着飘带，左绘青龙，右画白虎，安车飞驰时，飘带迎风飘摆，仿佛风驰电掣一般。

临行之前，我细致检查了金根车、立车、安车和属车（配套车辆）的安全状况，驾车工具是否完备，停车的韧，立车山的防卫武器，升车攀拽的拉绳，伞盖是否牢固，飞軨是否够好……一切都无误了，我又把驾手召集到一起，千叮咛万嘱咐，告诫他们一定不能出岔子。

一切都准备好了，就等着大驾出发。始皇帝又传出旨意，说金根车太坚硬，坐着不舒服，要坐安车里。我又将一应执事搬到安车上。

我亲自执鞭，为始皇帝驾车。大驾出了宫门，三拐两拐上了直道，大大小小将近百辆豪车浩浩荡荡向骊山进发。

2

早有百官和督造、修建帝陵的官员在骊山直道的尽头，跪等始皇帝大驾的光临。

始皇帝下了大驾，接受了百官拜贺，便在山脚下眺望自

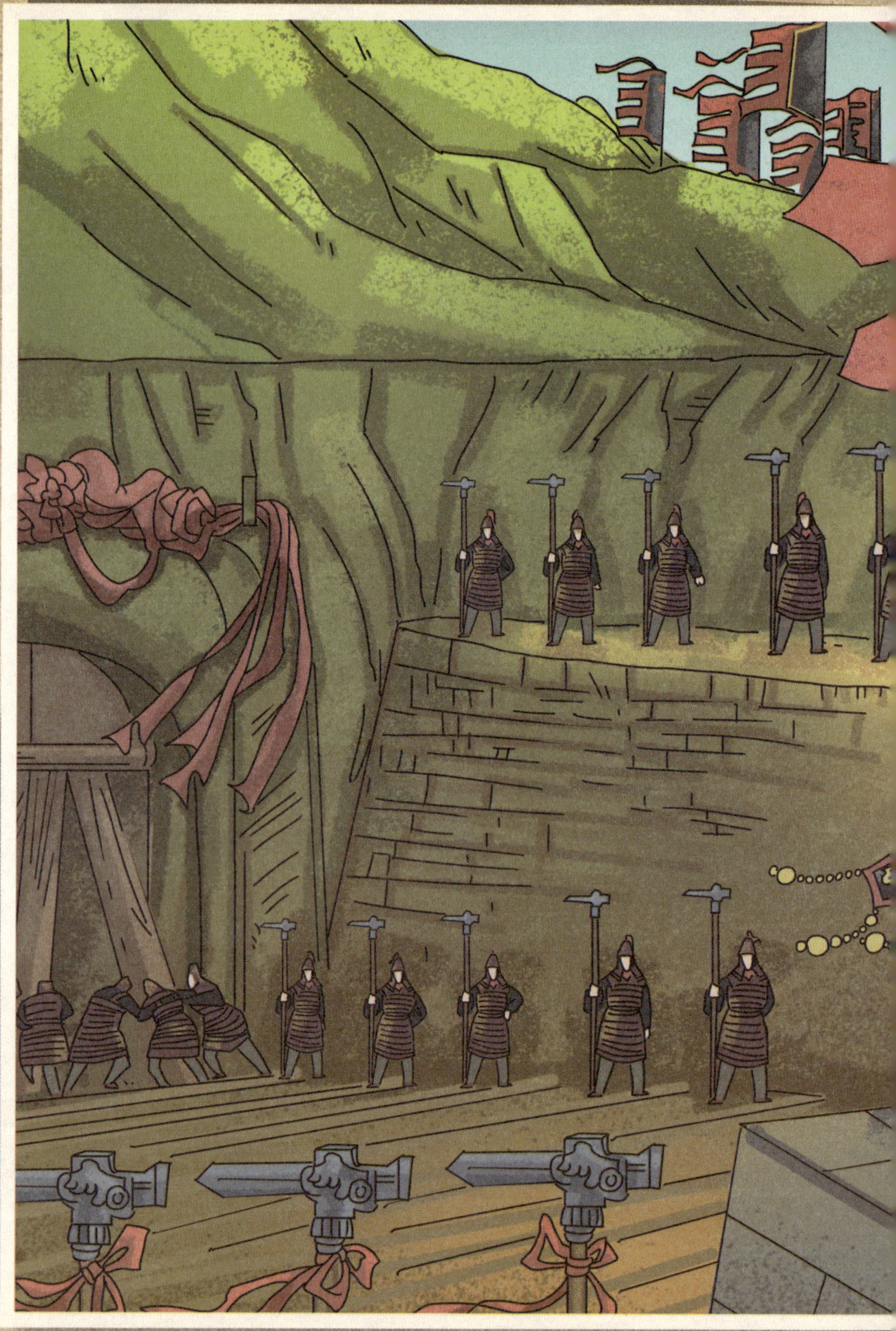

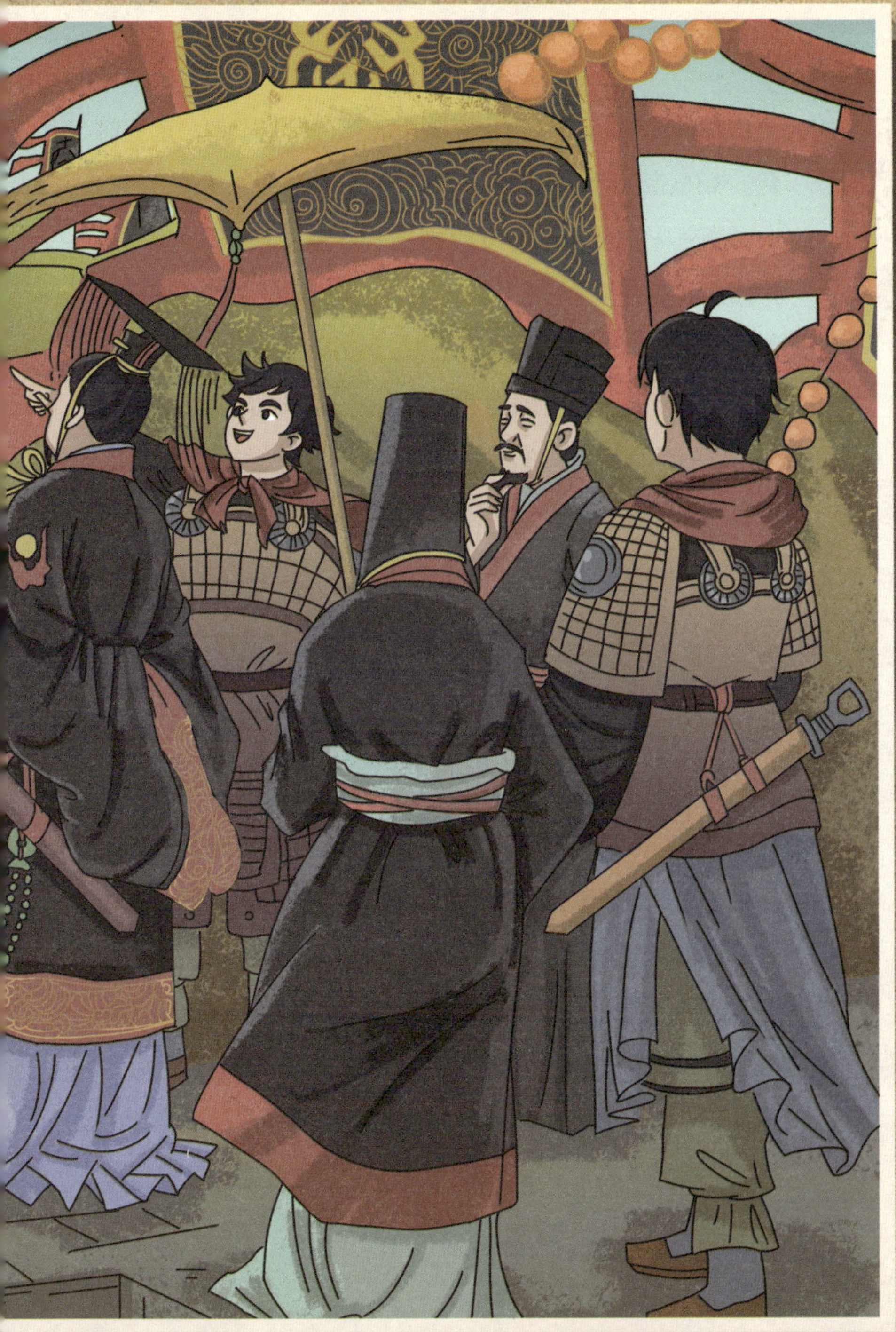

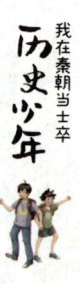

己的长眠之地。帝陵坐落在骊山北麓,规制宏大,远迈前代。始皇帝满意地点点头,说:"子满何在?"

子满从人群中出来,行了礼,说:"臣在!"

这么多年的修陵生涯让我老弟的脸上沧桑了许多,以前肤色也算不上白,但也算不上黑,现在可好,黑小子一个,黑得发光发亮,只有眼白和牙白,可见是吃了不少苦。不过可喜的是,眼光里充满了坚毅的光芒,浑身上下的精神头让人为之一振。

始皇帝上下打量了一阵子,含笑说:"辛苦你了,子满,今天你就给朕当导游吧!"

子满领旨,在前引路。始皇帝在羽林军的保卫下进入帝陵。

帝陵分为内城和外城。内城的核心就是地宫。地宫上面是封土堆,四周分布着大小不同、形制各异的陪葬坑;内外城之间的部分建有园寺吏舍,还有陪葬坑和陪葬墓;外城之外则是珍禽异兽坑,青铜水禽陪葬坑,马厩坑和兵马俑坑。

始皇帝看了一圈,问道:"地宫之南,乃是骊山山体,山下水泉遍布,倘若水泉泛滥,灌进陵寝,岂不是要淹了寡人?"

子满笑了笑,十分肯定地说:"陛下您就放心吧,虽然臣下没有参与地宫的建造,可是臣可以负责任地向您保证,地宫的排水系统和阻水装置都是一流的,别说是骊山水泉,就是渭水倒灌,地宫也能做到滴水不入!"

始皇帝一时来了兴致,非要进地宫一游。

子满赶紧制止:"陛下万万不可,一则地宫寒气太重,贸然进入恐怕会侵犯您的阳气,搞不好还要生病;二则地宫是您的万年吉壤,现在您正傲视天下,君临四海,进入地宫大大不宜!"

群臣也纷纷跪下劝阻,始皇帝只好作罢。

从帝陵的核心部位转出来,始皇帝在群臣的簇拥下迤逦而行,出了外城,奔向青铜水禽陪葬坑。远远望去,青铜铸造的天鹅、鸿雁和仙鹤错落有致地分布在一条小溪的两岸,有的在觅食,有的在小憩,有的引颈高歌,有的亭亭玉立,每个青铜水禽的表情都不一样,唯一相同的地方,就是它们的头都朝向地宫方向。

其中铜仙鹤最为抢眼。这只仙鹤长喙、曲颈,羽翼丰满,修长的双腿站立在溪水中,身上的羽毛纤毫毕现,沾着不知是溪水还是露水。姿态之曼妙,神情之毕肖,就像真的仙鹤在水中嬉戏一样,尤其是它的嘴里还叼着一只青铜小鱼,小鱼呈挣扎逃脱之势,活灵活现。

秦始皇兵马俑

秦始皇兵马俑，亦简称秦兵马俑或秦俑，第一批全国重点文物保护单位，第一批中国世界遗产，位于今陕西省西安市临潼区秦始皇陵以东1.5千米处的兵马俑坑内。

兵马俑是古代墓葬雕塑的一个类别。古代实行人殉，奴隶是奴隶主生前的附属品，奴隶主死后奴隶要作为殉葬品为奴隶主陪葬。兵马俑即制成兵马（战车、战马、士兵）形状的殉葬品。

1961年3月4日，秦始皇陵被国务院公布为第一批全国重点文物保护单位。1974年3月，兵马俑被发现。1987年，秦始皇陵及兵马俑坑被联合国教科文组织批准列入《世界遗产名录》，并被誉为"世界第八大奇迹"，先后有200多位外国元首和政府首脑参观访问，成为中国古代辉煌文明的一张金字名片，被誉为世界十大古墓稀世珍宝之一。

兵马俑从身份上区分，主要有士兵与军吏两大类，军吏又有低级、中级、高级之别。一般士兵不戴冠，而军吏戴冠，普通军吏的冠与将军的冠又不相同，甚至铠甲也有区别。其中的兵俑包括步兵、骑兵、车兵三类。根据实战需要，不同兵种的武士装备各异。

俑坑中最多的是武士俑，大部分手执青铜兵器，有弓、弩、箭镞、铍、矛、戈、殳、剑、弯刀和钺，身穿甲片细密的铠甲，胸前有彩线挽成的结穗。军吏头戴长冠，数量比武将多。秦俑的脸型、身材、表情、眉毛、眼睛和年龄都有不同之处。

青铜鹤

　　秦始皇陵青铜鹤通高77.5厘米，通长102厘米；踏板长47.5厘米，宽32.5厘米，厚1厘米，踏板两侧的云纹呈对角分布。铜鹤站立于镂空云纹长方形青铜制踏板上，长曲颈下伸至地面做觅食状，喙中含一铜质虫状物。翅端羽毛垂收于尾后，腿爪细长，爪趾与踏板连为一体。鹤体高大，造型逼真，表现的是鹤从水中捉到虫虾后尖喙离升水面的瞬间姿态。

　　青铜鹤不仅集多种铸造技术于一身，又表现了秦代工匠的多种艺术塑造技巧。青铜器在古代贵族生活中占有重要地位，集中地展现了工艺匠师的造型创造能力。青铜器丰富的造型是适应生活需要的智慧创造。作为工艺形象，秦始皇陵青铜鹤的造型和装饰有重大的美学价值。

　　现藏于秦始皇帝陵博物院。

始皇帝看了，不住地啧啧称奇，心想，自己富有四海，见识也还有限；又想，这么多年，我派出多少拨方士到海外求仙，结果不是骗子就是玩消失，耗费了大量钱财，可见求仙不过是一件虚妄的事，今后一旦死了，也只能让这只铜仙鹤陪伴我，聊慰我的仙人梦想。

最后，始皇帝来到兵马俑坑。兵马俑坑是对一系列陶制俑坑的统称，包括石铠甲坑、百戏俑坑、马厩坑、文官俑坑和兵马俑坑。这些俑坑是整个帝陵除了地宫以外规模最大的陪葬坑群，里面的陶俑成千上万，工程之浩大，品种之多样，制作之精美，呈现之丰富，工艺之高超，即便是放在两千年后的今天来看，仍然可以让整个世界为之惊艳。

始皇帝特意观赏了作为工师的子满所制作的将军俑和岩石铠甲，看完不住地称赞："子满，这几年你没有辜负寡人，好样的！"

有了始皇帝这一句"好样的"，子满吃了多少苦都值得。我站在始皇帝身后，用既羡慕又安慰的眼神注视着我的老弟，我始终相信，我这位老弟内秀了得，只不过平时太过能装傻，他专注的时候，人生就开挂了。

始皇帝对帝陵的工程和进度十分满意，临走的时候，忽然想起来一件事，跟子满说："我本想调你回去，可是还不是时候，朕想按照大驾的规制铸造一组铜车马，陪葬在帝陵内。这件事还得由你来督造。等完事了，你就回咸阳宫，朕还有重要任务交给你去办！"

3

始皇帝这次巡察，虽然对帝陵工程很是满意，但对一个状况非常不满，那就是咸阳城太拥挤了，咸阳宫的建筑还不如帝陵有气魄，于是就决定在渭河之南营建新宫，新宫无论是规模上，还是预算上都要超出咸阳宫许多，其中以阿房宫的建造为重点工程。

新宫的规制即使放到现在也算是巨大工程，光一个前殿就能容纳一万人，广场站十万人也是小菜一碟。帝陵进入扫尾阶段，阿房宫风风火火上马，这两项旷世工程，先后调动七十万人次的戍卒和刑徒，前后持续了十几年。

中国古代建筑讲究中轴对称，中轴是一条线，有一个中心点。就像人的脊柱一样，居中有中枢穴，前有任脉，后有督脉，任督不通，人身体的健康就会出问题，投射到一个帝国上，也是如此。阿房宫的选址也遵循中轴和中心的规律。

在大秦帝国的版图上，有南北、东西两条轴线，构成了咸阳城和帝国的脊柱,而阿房宫正坐落在轴线的中心上。

其中,南北向的轴线,南到秦岭沣峪口,北抵嵯峨山,沣峪口、阿房宫、嵯峨山三点一线,阿房宫正在黄金分割点上;东西向的轴线,西到汧河汇入渭河的河口,西抵渭河汇入黄河的河口,阿房宫处于这条线的中心。说阿房宫是大秦帝国首都咸阳的地标性建筑毫不夸张。

阿房宫大小殿堂七百余所,一天之中,各殿的气候都不尽相同。宫中珍宝堆积如山,美女成千上万。如今,在陕西西安西郊三桥镇以南,还保存着面积约六十万平方米的阿房宫遗址。可见,阿房宫宫殿之多、建筑面积之广、规模之宏大,它是世界建筑史上无与伦比的宫殿建筑。

始皇帝不但在治国上显示雄心壮志,在工程方面也堪称"基建狂魔"。咸阳的工程一个接一个地上马,边境的工程也不会滞后。

有一天,始皇帝召我入宫。

我以为是出巡的事,可是进宫之后发现子满也在殿上,就预感到要有新的任务让我们哥俩去办了。

上殿行了礼,等着始皇帝下旨。

始皇帝注视着我们哥俩,非常欣慰地说:"你们弟兄以军功进入咸阳宫，成为朕的卫士，一直以来兢兢业业，屡建功劳，朕非常满意。如今天下混同，四海唯一，老百姓安居乐业，百业振兴。可是，仍有蛮荒之地不服王化，没有纳入大秦郡县，亟须去防范和治理。"

我跟子满齐说："大秦万岁！陛下万岁！能够为陛下和大秦效力，实在是臣等之福！"

始皇帝哈哈大笑，从御座走下来，将我们扶起，推心置腹地说："之前的秦国，缩在西隅，土地狭促。如今天下一统，万里江山。北方匈奴虎视眈眈，南方百越不服王化。一个在头，一个在尾，哪个出了问题，都够大秦喝一壶的！所以朕反复思量，要派遣重兵，北筑长城以防范匈奴，南凿灵渠以开拓百越。"

"为陛下守疆拓土，万死不辞！"我跟子满表示了我们的忠心。

"好样的！朕打算让子六到北方去，监修长城，防御匈奴；让子满到岭南去，监督灵渠的收尾工程，保证工程质量，顺便把大秦的文化和技艺传播到岭南，让那里的百姓沐浴王化之风！只是苦了你们哥俩，要为朕的江山而分离了！"

我们觉得始皇帝如此信任我们,简直是上天赐给我们建功立业的好机会,我们拍着胸脯说:"陛下,臣等一定不辱使命!"

始皇帝从袖子里拿出一个盒子,说:"这盒子里是我从小喜欢玩的小玩意儿,送给你们两个,做个念想!"

我们打开盒子,里面是两个石博茕,个头比普通的博茕要小一圈,但制作精美,十四个面用红色篆书刻着字,雕工高超,一看就知道是秦宫特制。

我们怀着无比崇敬和感激的心情把石博茕装起来,然后庄重地给始皇帝行了礼,才从咸阳宫里出来。

等到了住处,一股离情别绪涌上心头,眼泪差点夺眶而出。子满修了两年多的陵墓,我赶了一年多的皇家马车,虽然都在咸阳,总归是聚少离多,如今要塞北岭南的分别,见面的机会十分渺茫,想到此处,我跟子满都陷入了愁绪。

最后还是我说:"老弟,哥虽然经常损你,但还是爱你的,你到了岭南瘴疠之地,一定要加倍保重,确保能活着见到你老哥!"

子满抹了抹眼泪,说:"老哥,你也是,到了风卷黄沙的塞外,一定要照顾好自己,可不能让匈奴掳走,那可就惨了!"

"你小子乌鸦嘴!能不能盼我点好?"

离情别绪在玩笑声中略微冲淡。

第11章
塞北岭南

①

作为始皇帝的代表，我来到位于防御匈奴的前线——河套长城修建基地。之前内地郡县派过来戍卒一直在小规模地修筑防御工事，不过还没等修好呢，匈奴的铁骑就奔驰南下，把工程拦断，甚至是捣毁。

等我踏上河套长城的那一刻，正目睹了匈奴人刚撤离的场面。长城脚下，秦人死伤遍地，铸造好的砖石瓦块损伤殆尽，修筑好的长城被匈奴人的弯刀砍得伤痕累累，一片狼藉。

我召集没有受伤的戍卒救治受伤的人，检查现场的破坏

程度。然后把所有什长集中起来，让他们练兵修城两不误，匈奴不来滋扰就好好修筑长城，匈奴来了就放下手中的泥刀，换上铜戈、秦弩跟塞外这帮侵略者拼了。

我跟他们说："长城得修，匈奴得抗！咱们越是听之任之，匈奴人越是侵扰得厉害。从今以后，空闲时间要练兵，化整为零，灵活作战。匈奴来了，杀一个够本，杀两个赚一个！"

戍卒们仿佛有了主心骨，在劳作之余，认真练兵，在修长城的时候，手上端着灰盆泥刀，身边脚下就是武器，铜戈磨亮，弓弩上弦，匈奴胆敢来犯，绝对讨不到便宜。

解决了临战的问题，还有建筑方面的问题。

有个什长向我反映，说："匈奴人来了，马蹄一扬就把城墙踢倒或踢坏了，这说明我们的城墙筑得不牢固、脆弱，否则纵然是天马，想踏破城墙也不容易。"

我点头称是，问："你们的泥是什么泥？"

什长说："没什么特殊的，就是黏土和的。"

我突然想起一件事来。在我小时候，大概七八岁的时候，爸爸带我们回老家石佛口过暑假。当时爷爷要搭炕——我祖上是北方人，住的都是火炕——炕板和炕砖的黏合也是用黏土，不过爷爷放了一种特殊的原料，说是能够加固泥的黏合力，时间越长，黏性越大。我问爷爷是什么，爷爷告诉我是米汤。

我把这个和泥的方子告诉了什长，什长带着人去实践。半个月后，什长兴奋地跑来告诉我："将军，成了！成了！"

当然了，我到此时还不是将军，我的爵位不过是个公大夫，职位不过是个官骑，离将军还有几里地呢，不过他们非得这么称呼我，我却之不恭。

我跟随什长来到建筑现场，发现戍卒们正把熬制好的米汤往泥坑里倒，白花花的米汤跟黄褐色的黏土汤混在一起，黄白一体，竟然发生了神奇的效用。

后来我学了化学才知道，米汤属于碱性物质，跟酸性的黏土发生酸碱中和反应，从而使二者合成的泥浆变得十分牢固。

我好奇地问："这么多的稻米从哪来的？"

什长说："这是就地取材，因地制宜。这广袤的河套平原，为什么匈奴人爱来？不就是因为这里物产富饶吗？黄河百害，唯利一套，说的就是这里。尤其是河套的稻米，享誉海内，可以跟扬州的稻米一比呢！"

我不得不赞叹，同时感到，匈奴人的好日子到头了。

有一天，我正跟戍卒兄弟们一起砌砖，突然有人来禀告：大将蒙恬带领三十万大军来此抵御匈奴并监修长城，同行者长公子扶苏。

我喃喃自语说："真正的将军来了！"

见了面，我才知道，始皇帝不放心北方的事，派遣大军要驱逐匈奴，并让长公子来此历练。

长公子扶苏勇武宽仁，我在咸阳的时候就有耳闻，在咸阳未曾谋面，不想却在长城脚下见面，顿时觉得相见恨晚。

扶苏考察了修造长城的现场，听取了关于匈奴滋扰杀人的汇报，叹息道："父皇在咸阳修建阿房宫，在河套修造长城，在岭南开凿灵渠，动员戍卒将近百万，老百姓快吃不消了。我们一路上来，怨声载道，只有父皇听不到罢了。"

其实我在来长城的路上也听到了不少始皇帝的流言蜚语，但当时我想，跟始皇帝建立起的丰功伟业相比，这些埋怨的话又算得了什么呢？

扶苏面容沉痛，遥望着蜿蜒曲折的长城，兀自说："将来我要是当了皇帝，一定要让老百姓休息，把这些大工程都停下来！"

我和蒙恬将军本想说几句宽慰的话，又有成卒突然来禀告：不好了，长城死了人！

2

我赶紧奔去现场，就看一个人被一堆砖压着，已然断了气，脸色紫茄子一般。

什长低着头过来，说："这个人叫杞梁，燕地人，来此修建长城已经三年了，平时勤勤恳恳，从无怨言。今天不小心，在架子上踩空了，掉在地上，摔岔了气，原本也没事，突然墙砖又掉下来，而且一掉一大片，不等我们救援，便把杞梁给压断气了。"

我心里一紧，也不知道这是谁家的孩子，又是谁家的丈夫，或许还是个父亲，为国家修了三年的长城，期间从未回过家，如今仓促而死，让他的家人如何是好？

我满怀悲痛，问什长："以往遇到这种事怎么处理？"

"因为修长城而死的人太多了,别说抬回原籍,就是抬到山下掩埋也是非常耗费人力的事,修长城的事又急,因此只能就地掩埋,埋在这长城的砖下,与长城同体。"

"这不是胡闹吗?既然伤亡的事情经常发生,就应该选择一处地方,作为埋葬这些人的公墓,立上石碑牌位,供这些人的家眷、后人祭奠。"

什长一脸苦笑:"将军,我们这些人,说起来是戍卒,大部分是刑徒,本来就是被判了死刑或重刑的人,被砍头和被砖砸死也没什么区别,我们的命运并非我们能掌握。其实,我们更愿意死后跟这长城融为一体,毕竟这是我们的杰作,看,多像一条蜿蜒飞腾的巨龙啊,我们能成为巨龙的一片细鳞,那是无上的荣耀,还有什么奢求呢!"

我一声叹息。

两千年后,我们还要跑到长城去感叹这件光耀千古的建筑奇迹,可是不知有多少无名之人的鲜血孤魂在此凝聚,又有多少白发人送黑发人、春闺遗恨、妻离子散的凄惨故事隐藏在每一块重达三十斤的秦砖之下。

想到此,不由得一时之间,我泪如雨下。

按照惯例,草草埋葬了杞梁,日子照常流淌。蒙恬的大军驻扎在长城以外,时不时地拉出去侦查匈奴骑兵的动向，甚至有时候还要交战。匈奴人也狡猾得很，自从秦军到了，再也不敢侵扰了，就算实在忍不住了，也只是到前线驻足窥探一番，然后悻悻地退却。

扶苏亲民下士，常常亲自参与修建长城。

转眼间到了深秋，河套已经飘过几场飞雪了，长城上来了一个人，而且是一个女人，携带着一个包袱，里面鼓鼓囊囊塞满了东西，说是要找人。

有戍卒问她找谁。她说："我叫孟姜，来找我的丈夫杞梁，我是来送冬衣的！这位大哥，麻烦你帮忙叫一下杞梁可以吗？"

戍卒一听，心里就虚了，又不忍心刺激这个女人，因此低头不语。

早有人通知了我，当时扶苏也在场，我们知道瞒是瞒不住了，就把孟姜叫到跟前，把实情告诉她。

扶苏带着愧疚，说："孟姜姑娘，实在对不起，我们没有看顾好你的夫君！"他说这话的时候，眼里噙着泪。

孟姜难抑心中的悲苦，眼泪如涌泉一般滴落，声音变得哽咽，问道："我夫君葬于何处？"

这一问把在场的所有人都问蒙了，谁也不会想到真的会有修长城的家眷来这里慰问，谁又能把"你夫君就葬在

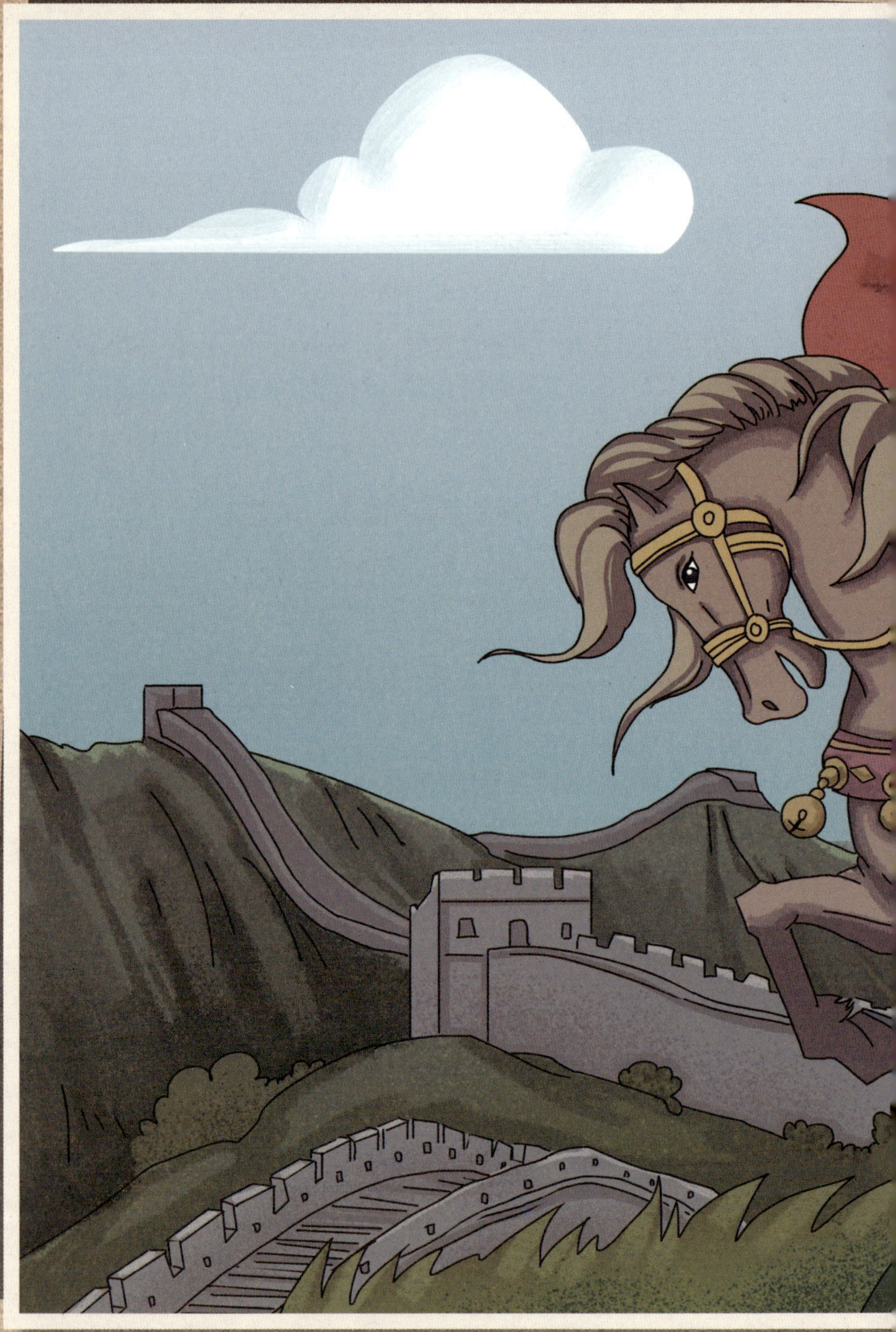

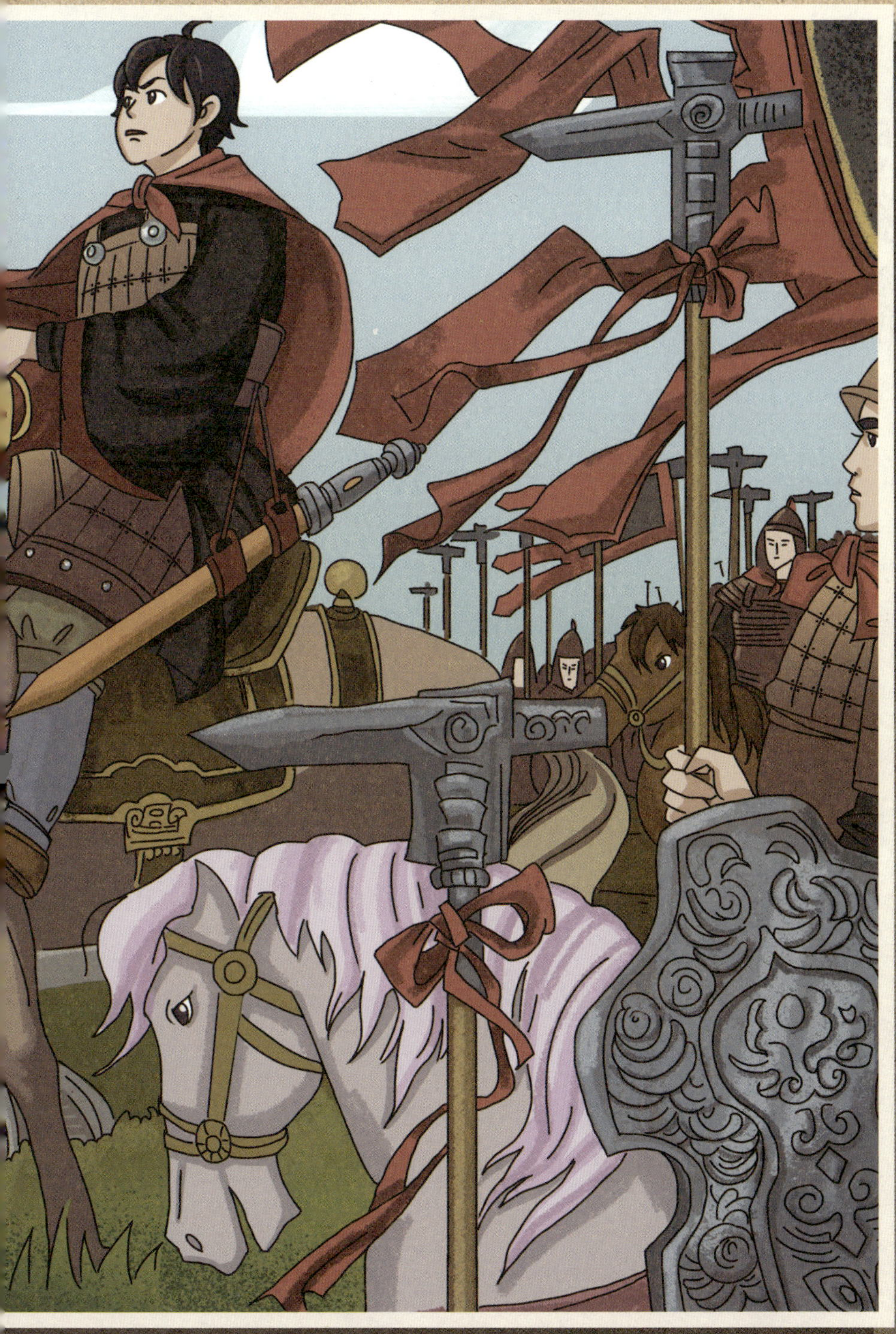

长城之下，与长城成为一体"这样的话告诉给一位伤心欲绝的女人，简直太残酷了。所有人都不说话，更不敢抬头看她。

最后，我只好硬着头皮，告诉了她杞梁的埋葬之地。

孟姜听了，差点哭死过去，过了好久才缓过来，气若游丝地说："我夫君杞梁，自愿服役修长城，为国效劳。一修就是三年，音信皆无，家中老娘想他哭坏了双眼，这才派我来送冬衣，谁承想，人已经被你们砌入城墙，这可让我们怎么活啊？"

她一边哭着，一边冲到外边，也顾不得哪块城墙是葬她夫君的地方，她双手攀住城墙，时而摩挲，时而拍打，哭声凄厉，响彻长城内外。

我们只好任她去哭，去发泄，没人敢上前劝慰。扶苏公子跟我都是软心肠，在旁边陪着垂泪。

她也不知哭了多久，直哭得昏天黑地，日月无光，还是没有休止的意思。

我刚想派人强制拉她过来，免得哭晕过去，有人忽然喊了一声："城墙倒了！城墙倒了！"

果然，就听"哗啦——轰隆"一声，孟姜面前那段城墙整个垮塌下来——你说奇怪不奇怪，就在城墙下边苦苦啼哭的孟姜一点没受伤。

崩塌的城墙之下，露出一具白骨，孟姜也不管是不是她夫君杞梁，冲上前抱住，哭得更加凄惨了。我怕城墙都被她哭倒了，连忙派人想把她拉回营地，慢慢劝慰。

哪知孟姜女是位烈女子，听说她回去之后还是投海自尽了。我也是从别人的转述中听到这个消息的，并不清楚细节。只是，又多了一个冤魂，唉！

3

孟姜女哭长城的事情过去后，大概又过了一年的光景，我收到了一封遥远南方的来信。

信用竹简写成，封在一个圆筒里，封口用封泥封住。我展信一看，上面字迹宛然，一手漂亮的秦隶——这可是从李斯的小篆转化而来的、方便于书写的一种新书体。上写：

吾兄子六惠览：

见字如面。咸阳一别，倏忽两年，别时渭河新柳初绿，如今岭南荔枝熟透，漫山红遍。

老哥，我还是别跟你拽文了，拽得我牙都酸掉了，还是跟你好好说话吧。

还记得秋霜姑娘吗？帮我缝制岩石铠甲的那位女子，我临走的时候，写了一首诗给她，当然也不是我的原创，我是从老百姓那里学来的。诗曰："终南何有？有条有梅。君子至止，锦衣狐裘。颜如渥丹，其君也哉！终南何有？有纪有堂。君子至止，黻衣绣裳。佩玉将将，寿考不亡！"多豪迈的气概啊，梦里依稀回到了家乡，可惜醒来只有霜露满天，徒添惆怅。

老哥，你一定会说老弟我害了思乡病。没错，我也不知道我在秦朝的家乡在哪里，不过没关系，我早已把咸阳作为自己的家乡了。

令人欣慰的是，我最终还是收到了秋霜姑娘的信，信里的内容大大缓解了我思乡之情，让我在开凿灵渠的场地展现出生龙活虎的劲头，让总指挥官任嚣将军刮目相看。

得，老哥你一定撇着嘴，骂我没出息呢。不过，也没关系，我就是个没出息的人。

老哥，还有一件事，得跟你说。任嚣将军是接任屠睢将军来开拓和管理岭南事务的，现任官职是南海郡

秦直道

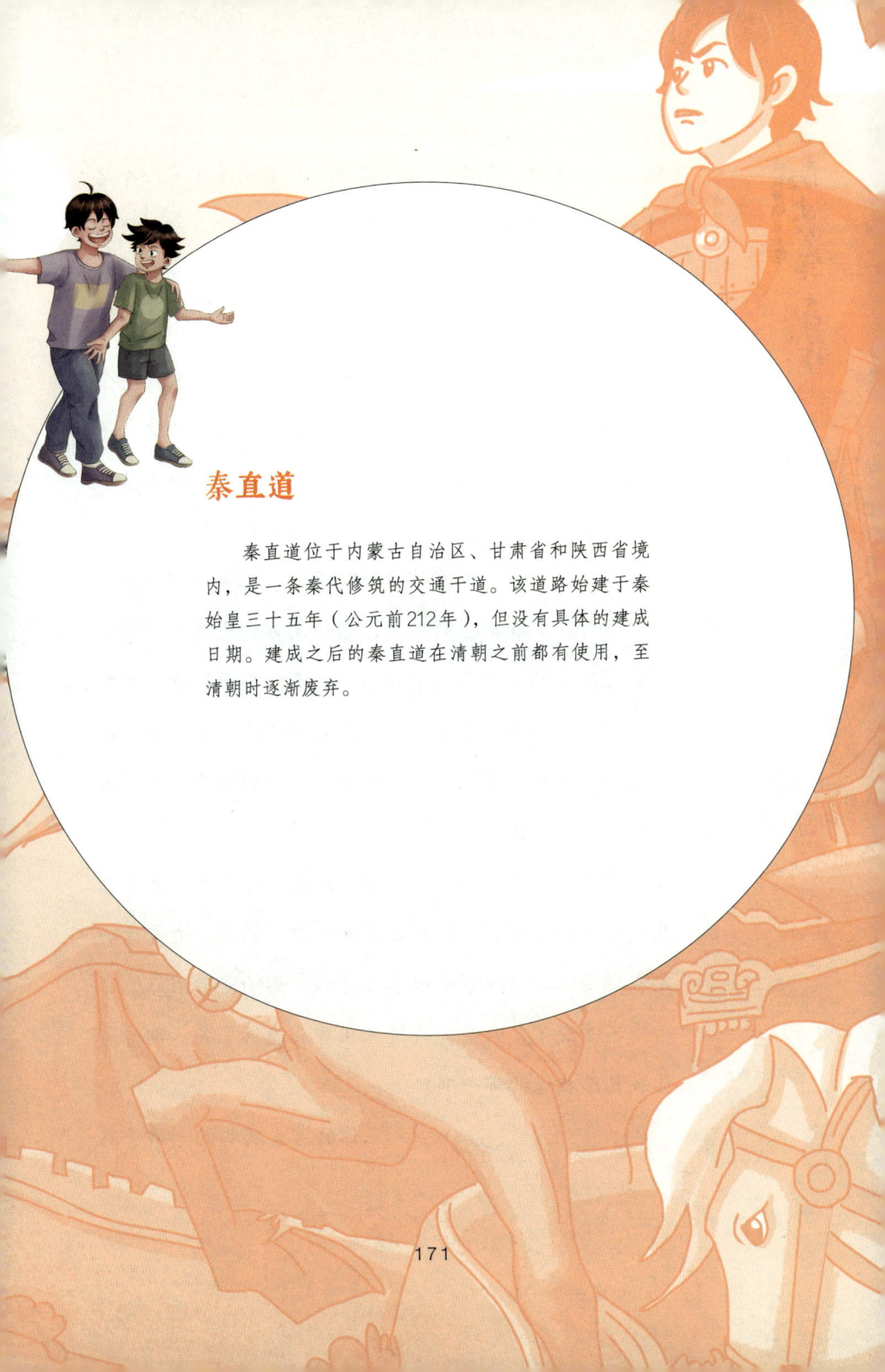

　　秦直道位于内蒙古自治区、甘肃省和陕西省境内，是一条秦代修筑的交通干道。该道路始建于秦始皇三十五年（公元前212年），但没有具体的建成日期。建成之后的秦直道在清朝之前都有使用，至清朝时逐渐废弃。

尉，节制南海、象郡、桂林三郡。任嚣的手下有一个名叫尉佗的赵地人，此人在任嚣活着时还好说，一旦任嚣死了或离任，尉佗恐怕要在岭南生事。这个家伙时常怂恿任嚣，说一旦北方有事，岭南百越可以凭借山河之险独立自保。他甚至私下里拉拢军官和士兵，说要建一个什么南粤国，不再听中央的号令。虽然他只是胡吹，不过狼子野心昭然若揭。若不是任嚣极力压制，他早就猫蹿狗跳了。

这些情况我已经写信通报陛下了，尚未得到回复。

另外，我在南下的路上，遍访南方的民情，发现老百姓对陛下的繁重劳役十分不满，有的甚至流露出要反抗的苗头。还有就是老百姓对严苛的秦法怨声载道，简直要把老百姓给逼死了。这些都是不好的兆头，不知道该不该跟陛下讲。

啰唆半天了，应该关怀一下我的老哥。不知老哥你在塞外一切可都好？听说孟姜女哭倒了长城，老哥你一定在现场吧。这件事全国尽人皆知，影响非常不好。

不多说了，老哥，希望你在塞北能够平安，期待着你我兄弟相逢的那一刻！

你的可爱聪明的老弟子满

说实话，我是含着眼泪看完这封信的，要是当着子满的面，打死我也不会流一滴眼泪。没办法，谁让我们兄弟已经分别两年多了呢——想啊。

字里行间的意思——我这老弟长大了，虽然仍不时流露出稚嫩的气息，但他已经开始深刻地思考一些问题。这可是可喜可贺的事，我心里感到非常欣慰。

不过，隐隐的忧患透过纸面重重袭来，跟我在长城之下感受到的一样，难道这个新生的帝国这么快就危如累卵了吗？

第12章
祖龙之死

1

始皇帝早年曾流落邯郸，过着担惊受怕的生活，尤其是庄襄王回到咸阳后，他跟母亲赵姬继续在赵国逃难，东躲西藏，朝不保夕，等他回到咸阳的时候，身体上和心理上受到了严重的创伤。身体上孱弱多病，心理上他不会相信任何人，凡事都要亲力亲为才放心，即便有时候会对人产生信任，也会非常短暂。

登上王位后，他为了统一大业操碎了心，工作极度劳累，甚至一连几天不休息。统一六国后，他又统一文字、统一度量衡，上马各种重大工程，塞北修长城，岭南凿灵渠,事无巨细,他都要亲自过问,久而久之,他的身体吃不消了,患上了严重的癫痫病,不时发作。

始皇帝的癫痫病有个由浅入深的过程,刚开始的时候,只是胃部的不适,略微头晕,继而突然会有意识的丧失,伴随着肌肉痉挛。这些症状并没有引起始皇帝的重视,他认为不过是自己的身体对繁重工作的一种抗拒,为此,他征召各地的方士,让他们献出奇方,或者寻找不死仙药,把缓解身体上的病痛寄希望于仙药和长生。

但是,仙药和长生之术也未能阻止他的病情深化,他一怒之下,把骗人的方士和术士,连同一些说话不好听的儒生一起活埋了,酿成了被后世唾骂不休的坑儒事件。

虚妄的求仙寄托破灭后,他的癫痫病进一步发展,最终到了发作时面色青紫、呼吸窒息、瞳孔放大,甚至是呼吸暂停的严重程度,如果救治不及时,就会全身肌肉痉挛,口吐白沫,不省人事。

《史记》记载:"秦王为人,蜂准,长目,挚鸟膺,

豺声，少恩而虎狼心。"像蜂一样的鼻子，细长的眼睛，鸷鸟一般的胸部，声音如豺狼，刻薄少恩，虎狼之心。照这样的描述，始皇帝除了有癫痫病之外，很可能还患有气管炎，因为气管炎患者的胸部是隆起的，就像鸟的前胸一样。

我们都知道后世把秦始皇称为千古一帝，他的丰功伟绩彪炳史册，照耀青史，殊不知这位伟大的帝王竟然是个严重的癫痫病患者，而且心理缺陷很大，比如说，多疑、自卑、狂傲、刚愎自用、悲观、偏执……

他只是个人，有血有肉有优点有缺点的鲜活的人，并不是个戴着面具的英雄；他只是个人，是个生活在压抑和痛苦中的人，而不是个妖魔。很多时候，他的强悍都是虚张声势，甚至是假装的，他不想把自己虚弱的一面示人，更不想让天下人认为他软弱可欺。

就是这位色厉内荏的皇帝，在他第四次巡游的时候，遭遇了一件突发事件，让他的病情和心情受到双重打击。当他的车队行进在帝国东部的时候，身后的副车遭遇刺客铁锤的袭击，如果这位刺客稍微提前一点行动的话，粉碎的恐怕就不是副车而是始皇帝本人了。始皇帝受到了惊吓，留下了很重的心理阴影。

随后，两则谣言传遍全国：一块刻着"始皇死而地分"

的陨石被发现，以及一位自称在世神仙的老人预言"今年祖龙死"。这两句话很快传遍了秦朝的四隅，搞得人心惶惶，民心大乱。

始皇帝得知后，也感到恐惧不安。他找来有名的卜者来断吉凶。可惜那个时候子满还在岭南监督凿渠，否则的话，要论占卜的本事，放眼秦朝没有超过子满的。也是命运使然，这位不靠谱的卜者竟然建议始皇帝开始第五次全国巡游，并声称这次巡游会遇到不死仙药，吃了不死药，世上流行的两条预言就会不攻自破。

始皇帝死马当成活马医，准备第五次全国巡游。

陪同的人有他的少子胡亥、丞相李斯、上卿蒙毅、中车府令赵高。蒙毅是蒙恬的亲弟弟。赵高是一名宦官，生而为奴，因为十分精通秦法，又身强力壮，被始皇帝提拔为中车府令，也就是皇家车队的总管，同时在始皇帝出巡的时候，他还兼管传国玉玺。始皇帝出巡也不忘公事，在马车上批阅奏章，发布诏令，需要行玺。足见赵高是始皇帝非常亲信的人。

始皇帝一行从咸阳出发，出武关，沿丹水、汉水流域到云梦泽，再沿长江东下直抵会稽。始皇帝登上会稽山，祭祀大禹，并刻石留念。

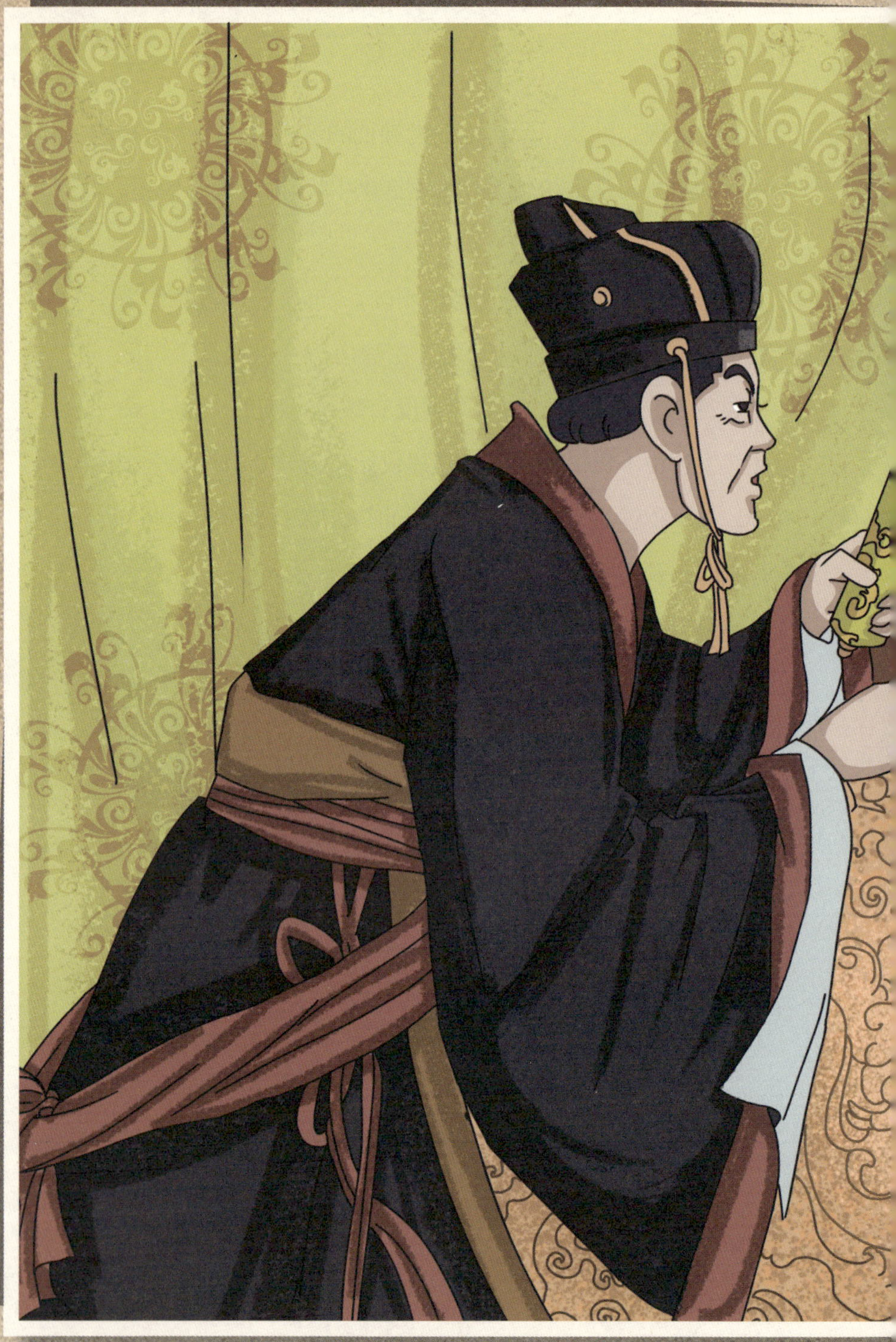

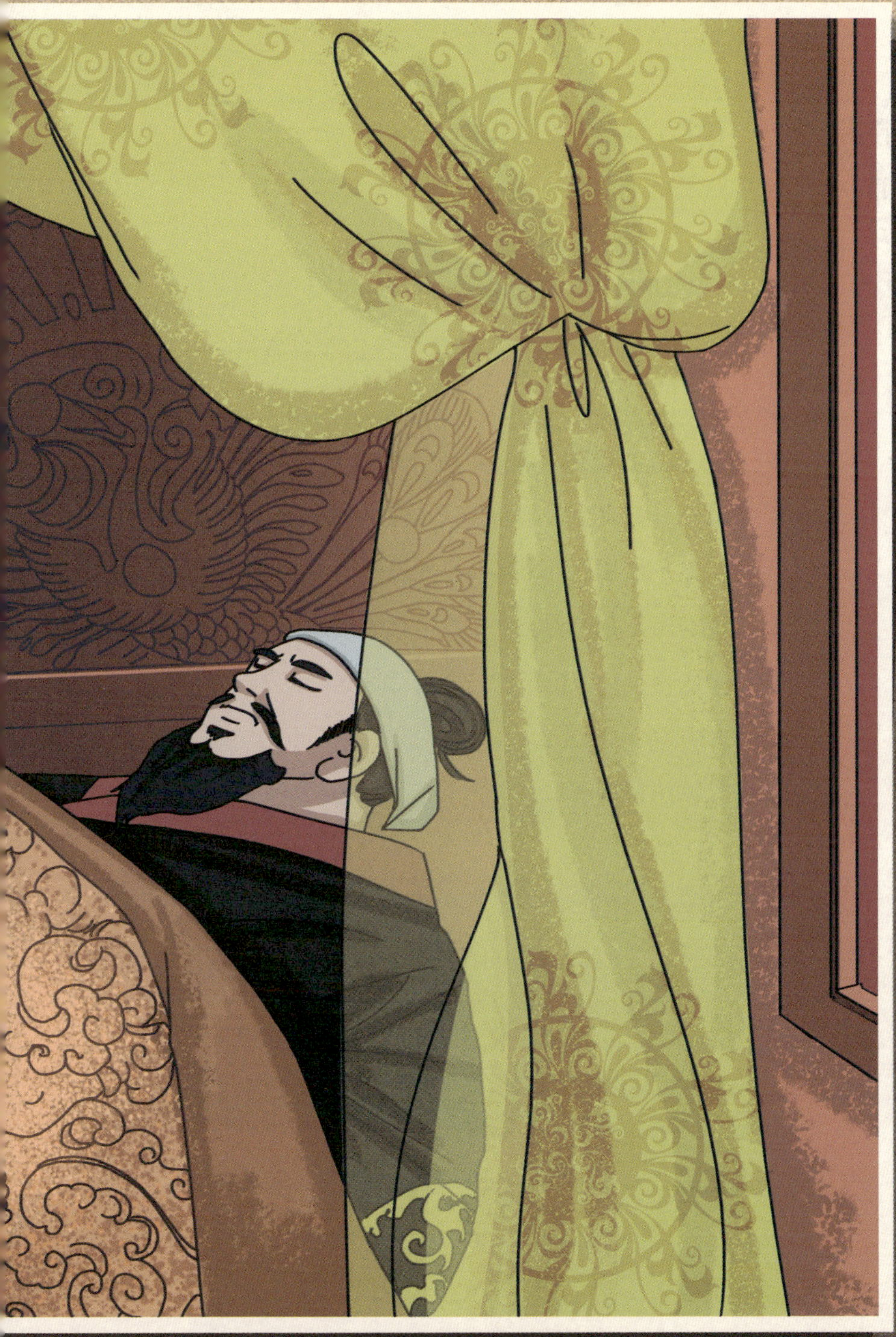

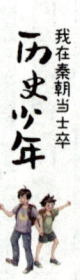

在北上的途中，始皇帝得了重病。

2

由于病情不断恶化，始皇帝开始准备遗诏——皇帝的遗嘱。

始皇帝的遗诏只有十二个字，是写给长子扶苏的："以兵属蒙恬，与丧会咸阳而葬。"字数虽少，信息量却很大。

虽然不能说这几个字就是始皇帝传位于扶苏的明证，却也是始皇帝想把帝国交于扶苏主宰的力证，因为他要把全国的军事力量交由蒙恬节制，而蒙恬是支持长子扶苏的，其实也是始皇帝有意这么做，他为了历练扶苏，让他去监修长城，又派遣蒙恬率领大军三十万，防御匈奴，这样的安排不是一目了然吗？

始皇帝遗诏的言外之意就是，快让蒙恬率领大军护送扶苏回咸阳，主持始皇帝的葬礼。秦国的惯例，都是继任之君主持先王葬礼，这话说得已经够明白了。

赵高支持胡亥，他一看这十二个字，顿觉大事不妙。他老奸巨猾，心想不能让扶苏继位，扶苏当了皇帝，就没他的好果子吃了。于是，他利用为皇帝掌管玉玺的权力，当即决定销毁遗诏，支走了上卿蒙毅——让他返回会稽去祝祷山川，为始皇帝祈福。实则是担心蒙毅给他哥哥蒙恬送信，要是蒙恬和扶苏知道始皇帝快不行了，那可不是好对付的。

赵高销毁遗诏的时候，始皇帝已经陷入昏迷。过了一段时间，始皇帝突然清醒过来，勉强支撑着站起，似乎有话要说，然后轰然一下子又倒下了，始皇帝永远闭上了那双雄视天下的眼睛。

始皇帝驾崩，享年五十岁。他贵为天下第一人，五十年来却没睡过一天安稳觉，没过过一天舒心的日子，最后竟死在颠簸的巡游路上，真是可悲。

祖龙一死，围绕皇位继承的问题，李斯和赵高勾心斗角，从争吵到联合，最终联手策划了一场阴谋。

赵高极力拥立胡亥，那样他就可以大权独掌。但李斯的存在让他有所顾忌。他心里明镜似的，想要胡亥继位没有李斯的支持是不行的。因此，赵高便千方百计地拉拢李斯。

赵高口才极好，善于雄辩，他对李斯说："皇帝临死前，召扶苏参加葬礼的这封信，还没来得及送出去，现在在胡亥手里。决定由谁来继承皇位，全由你我说了算，你意下如何？"

李斯听后非常惶恐，说："这是亡国的言论，不是人臣

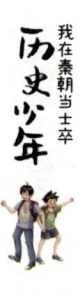

应该议论的。"李斯的这句话对赵高是有所防范的，但赵高对李斯的弱点了如指掌，他乘机说："扶苏刚毅而勇敢善战，他继位后必将任用蒙恬为丞相。"

这句话一下子戳中了李斯的要害，李斯最怕有人将他取而代之。如此一来，他的心理防线被赵高攻破，只好听从赵高调遣。

于是，秘不发丧、篡改遗诏的好戏上演了。

为了封锁死讯，尤其是不能让扶苏和蒙恬知道始皇帝已死的消息，赵高让人秘密用辒辌车，即改型的安车，来运载始皇帝的遗体。生前服侍始皇帝的宦者仍同乘一车，跟始皇帝活着时一样奉上膳食，并裁决上奏文书。巡游路线也没有进行调整，还是按照原计划的日期和路线行进。

巡行队伍从井陉穿过太行山脉，甚至特意北上到北边长城所在的九原郡。由于天气炎热，尸体开始散发出腐臭味。于是赵高让人在车上放了一石（大约相当于现在的三十千克）的鲍鱼，以掩盖尸体的臭味。

巡行的队伍回到咸阳后，在赵高、李斯的合谋下，胡亥顺利继承了帝位。这位二世皇帝没有他老爸那样的雄才大略，但残暴起来，尤胜一筹。

他即位后不久，就加大征发徭役力度，加速修建阿房宫，闹得天下汹汹，老百姓苦不堪言。李斯看不过去，就连同右丞相去疾、将军冯劫劝二世停建阿房宫，减少徭役。

二世勃然大怒，下令将他们逮捕入狱。

李斯在狱中大声疾呼："大秦要亡了，如今反者已有天下之半了，昏君之心尚未领悟，奸臣赵高仍被重用。我不久就会看到，盗至咸阳，麋鹿游于宫苑。"

赵高终于窥伺到扳倒李斯的机会。他趁机诬陷李斯与其儿子李由谋反，对李斯严刑拷打，刑讯逼供。李斯挨不过皮肉之苦，屈打成招。

李斯荣耀的"仓鼠"的一生，在血光四射的腰斩酷刑中草草收场。

3

塞外长城，巍然屹立，长子扶苏与戍卒同甘共苦，保卫大秦的边疆。蒙恬将军镇守上郡，匈奴不敢南下而牧马。

我负责调运修筑长城的物资，提供后勤保障。

又是一年金风送爽时，河套平原的水稻丰收了，我率领成卒帮着当地人一起收割稻谷。看着满眼黄澄澄沉甸甸的稻穗，军民都十分高兴，丰收年景，不但老百姓能够宽心度日，就连我们修长城的也可以得到足够的米汤和殷实的粮食供给。

抢收季节，扶苏和蒙恬将军也带着兵来田间地头一起干活。

秋阳高照，当我们暂时停下手中的镰刀，准备喝口水歇会儿的时候，当地土人唱起了民歌，虽然歌词不甚优雅，但也能够扫除疲劳，让人恢复精力。

沿着稻田的小路，来了一队人马，为首的人穿着官衣，手上恭恭敬敬地擎着一个木匣。我向蒙恬递了一个眼色。蒙恬会意，提醒了一下正在饮水的扶苏。扶苏回首，知道是有旨意送达。

使者到了近前，从木匣里取出旨意，用公鸭嗓宣读——皇帝诏曰：长子扶苏监造长城经年，无尺寸之功，又妄言焚书坑儒事，实为不孝，着令自裁；将军蒙恬、蒙毅谋国不忠，令随长子扶苏一同自裁，钦此。

扶苏如闻霹雳，当场晕倒。

使者厉声说道:"快抢救公子扶苏!尽快自裁,我等好回咸阳复旨!"

我心眼一动,赶紧说:"使者大人,旅途劳顿,且先到馆驿休息,等我们救醒长子扶苏,再禀告您老人家知晓,再行自裁不迟。"

幸亏我随身带着几把半两钱——秦官府所制钱,圆形方孔,重十二铢(中国古代规定一两为二十四铢),有钱文曰"半两",右"半"左"两"——偷偷地塞到使者兜里。使者刚开始还扭扭捏捏,后来也知道扶苏的事情不好意思太急,也就顺坡下驴,把钱收了,自回驿馆去了。

我跟蒙恬找来清水,使劲喷到扶苏脸上,一霎时扶苏清醒过来,悲痛欲绝。过了好半天,他拔出腰中剑来,就要自杀。

我赶紧制止,说:"公子,事有蹊跷,不可自裁。依我的意思,不如潜回咸阳,看看是什么情况,再采取行动不迟。如果就这样不明不白地自杀,万一是赵高一伙的阴谋,那可就上当了。你没听说吗,始皇帝在巡游途中大病,赵高跟公子胡亥随行,一旦皇帝有个差池,赵高一伙还不上蹿下跳?你不如返回咸阳,向始皇帝请罪,如果真是始皇帝让你死,你再死不迟。"

半两钱

　　半两钱形制为圆形方孔，重12铢（中国古代规定1两为24铢），有钱文曰"半两"。"半两"二字分列方好（即方孔）左右，通常是右"半"左"两"。

　　战国末期，秦惠文王二年（公元前336年）"初行钱"，即指秦国开始由王室铸造货币的流行，标明秦国王室专铸货币制度的确立。秦始皇统一中国后，废除战国时期流通的刀、布、郢爰和贝币等大小、形制、重量和货值不一的庞杂混乱的六国货币，把秦统一货币的政策和圆形方孔的半两钱在全国范围内推行。

蒙恬也说："子六说得对，公子，反正我是不会自杀的。我们蒙氏一族跟赵高是老对头，曾经蒙毅要杀死赵高，要不是始皇帝保了那狗贼，如今他还能兴风作浪？我要求复诉，绝不会轻易自杀。公子你也不要自杀，返回咸阳再说！"

扶苏悲戚戚地说："何必呢？君让臣死，臣不得不死，父让子亡，子不得不亡。我此刻要是不死，对君不忠，对父不孝，即便是有赵高的阴谋，我又有何面目面对天下人。我也知道，父亲用猛政，我用宽政，父亲用法家，我用儒家，死是早就注定的了。"说着，趁我们不注意，从腰中拔剑，一把刺进胸膛，登时血流如注，脸上带着无尽的悲痛绝望，向着咸阳的方向倒下。

"愚忠愚孝害死人！"我痛惜地说，"蒙恬咱们从一路走来，我劝你可不要干傻事。"

"子六放心，我要向朝廷复诉，一定要让朝廷给我个说法，到那个时候死也好，流放也罢，我蒙恬毫无怨言！"

这时使者来了，检验了公子扶苏的尸体，令人装殓了。又问了蒙恬的事，蒙恬说要上诉。使者也

不置可否，让人把蒙恬看押起来，等候上头的命令。

临行之时，使者说："子六，朝廷上封你为五大夫，让你以将军身份继续监造长城，你可不要辜负朝廷对你的信任啊！"

我虽然心怀悲戚，但已然激情壮烈："替我问候始皇帝圣安，告诉他老人家，我一定不负所托，把长城修好，把匈奴防御好！"

使者一撇嘴，冷笑了几声："问始皇帝的安？那将军恐怕要到地府去问安了！"

"大人，这是什么意思？"

"你们难道不知？始皇帝已经崩了，如今坐天下的是二世皇帝！你要谢恩，要向二世皇帝谢恩，这个将军的位子，可是二世皇帝封赏的！"

我当时傻在当场，随即明白了两件事：扶苏白死了，甚至是冤死了；蒙恬猜对了，但也是死路一条！

我想要救蒙恬，可他已被使者的人带走了，看押在何处，无从知晓。

这可如何是好，纵然聪明如我，也是一筹莫展。

第13章

谋诛赵高

①

在潜回咸阳的路上，听说蒙恬和蒙毅兄弟已经双双被逼自杀，心中无比悲愤。我对蒙氏兄弟与赵高之间的恩怨略知一二。

想当初，蒙氏兄弟依靠军功获得始皇帝信任和重用，蒙恬担任外事，带兵打仗，蒙毅作为参谋、顾问，常常跟始皇帝同出同入，同乘一车。

蒙毅为人忠信，执法严明，不怕得罪权贵。刚当上内侍的赵高犯了重罪，依法当斩。蒙毅铁面无私，先是免了赵高的官职，后又判他死罪。赵高苦苦求情，蒙毅不为所

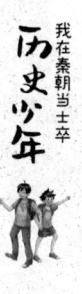

动。最后始皇帝出来讲情，蒙毅没办法才赦了赵高。从那之后，赵高记恨蒙毅，蒙氏兄弟成了他的肉中刺眼中钉。

始皇帝死后，赵高阴谋夺权，扶持二世继位。阴谋得逞后，当然先要除掉蒙氏兄弟，不仅是因为早有芥蒂，更是在于蒙氏兄弟是公子扶苏的坚决拥护者，不除掉蒙氏兄弟，扶苏、扶苏的子嗣，他们随时都有翻盘的可能。

可怜蒙恬将军，驱逐匈奴，监修长城和直道，为大秦立下赫赫战功，最终竟然死于阴谋家赵高之手，实在是冤屈。

后来我才知道，蒙恬被使者带走后，暂时拘押在阳周。二世本不想杀他，但赵高坚持要处死蒙氏兄弟，二世也只好听之任之。

使者先是囚禁并杀死了蒙毅，然后又到阳周对付准备上诉的蒙恬。

使者对蒙恬说："你罪过太多，况且蒙毅当死，连坐于你。"

蒙恬说："自我先人直到子孙，为秦国出生入死已有三代。我统领着三十万大军，虽然身遭囚禁，可我的势力足以背叛。但我知道，我应守义而死。我之所以这样做是不敢辱没先人的教诲，不敢忘记始皇帝的恩情。"

使者说："我只是受诏来处死你，不敢把将军的话传报陛下。"

蒙恬长叹道："我怎么得罪了上天？竟无罪而被处死？"沉默良久又说，"我的罪过本该受死，起临洮，到辽东筑长城，挖沟渠一万余里，其间不可能没挖断地脉，这便是我的罪过呀！"于是吞药自杀。

蒙氏兄弟一死，李斯也被腰斩，赵高除却两大心腹之患，再无忧虑，便开始了做起了皇帝美梦，想谋害二世胡亥并取而代之。

此时的大秦，正陷入风搅雪一般的动乱当中。两个屯长——一个屯长管辖区区五十个戍卒，陈胜和吴广，因为下大雨，怕误了服徭役的日期而遭到严罚，在大泽乡揭竿而起；楚国大将项燕之子项梁也在会稽起兵造反，他的侄子项羽，号称西楚霸王，能征惯战，所向无敌；一个小小的亭长，名叫刘邦，在带领戍卒赶赴骊山陵服役的时候，在芒砀山之中，斩杀白蛇起义，身边会聚了一大批能人异士和原来的六国英豪。

秦失其鹿，天下共逐之。

赵高趁天下大乱，在咸阳玩起了"指鹿为马"的鬼把戏。

有一天上朝时，赵高让人牵来一只鹿进入咸阳宫，把它献给二世皇帝，并且说："陛下，我献给您一匹好马。"

二世一看，心想：你拿我当傻瓜啊，这哪里是马，这分明是一只鹿嘛！便笑着对赵高说："丞相搞错了，怎么把鹿说成马呢？"

赵高阴阳怪气地说："请陛下看清楚，这的确是一匹千里马。"

二世左看右看上看下看，怎么看怎么是只鹿，对赵高说："马的头上怎么会长角？"

赵高一转身，满脸阴险地说："陛下如果不信我的话，可以问问众位大臣。"

一些大臣知道赵高的手段毒辣，哪里还敢得罪他，纷纷讨好他，说："是马，绝对是马！"

另外一些大臣，尊重事实，直言为鹿。还有一些大臣不置可否。

事后，赵高把那些直言为鹿的大臣都给暗害了，而对那些说是马的大臣提拔重用。

通过这么一场把戏，赵高摸清了官员的底细，不久便派他的女婿咸阳令阎乐率士兵千余人，乔装为盗，闯入望夷宫，逼二世自杀。

二世死后，赵高把传国玉玺佩在自己的身上，打算自立为帝，可是又担心天下不服，于是不得不从嬴氏宗室中寻找一个"傀儡"，继续玩弄他操纵的伎俩。

②

在一个风雨如晦的傍晚，我跟子满坐在渭阳商社的大堂饮酒。子满是接到我的信后，连夜赶回咸阳的。窗外飘着细雨。有乐人和舞女在演奏歌舞。其中一个歌者，用沧桑浑厚的嗓音唱道：

岂曰无衣？与子同袍。王于兴师，修我戈矛。与子同仇。
岂曰无衣？与子同泽。王于兴师，修我矛戟。与子偕作。
岂曰无衣？与子同裳。王于兴师，修我甲兵。与子偕行。

子满让我给他翻译一下：

谁说没有战衣？与君同穿战袍。君王征师作战，修整我们的戈与矛，与君同仇敌忾。
谁说没有战衣？与君同穿衫衣。君王征师作战，修

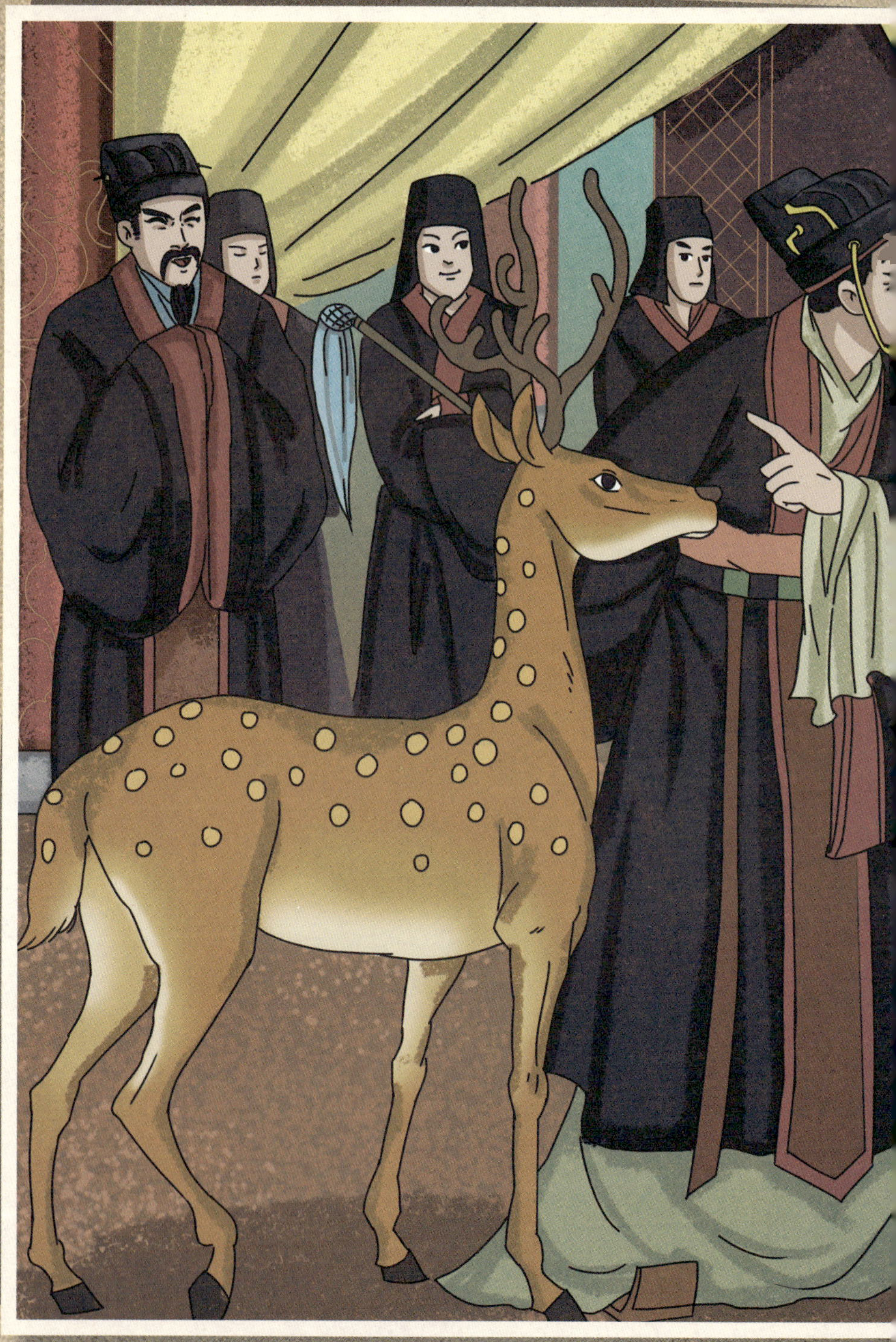

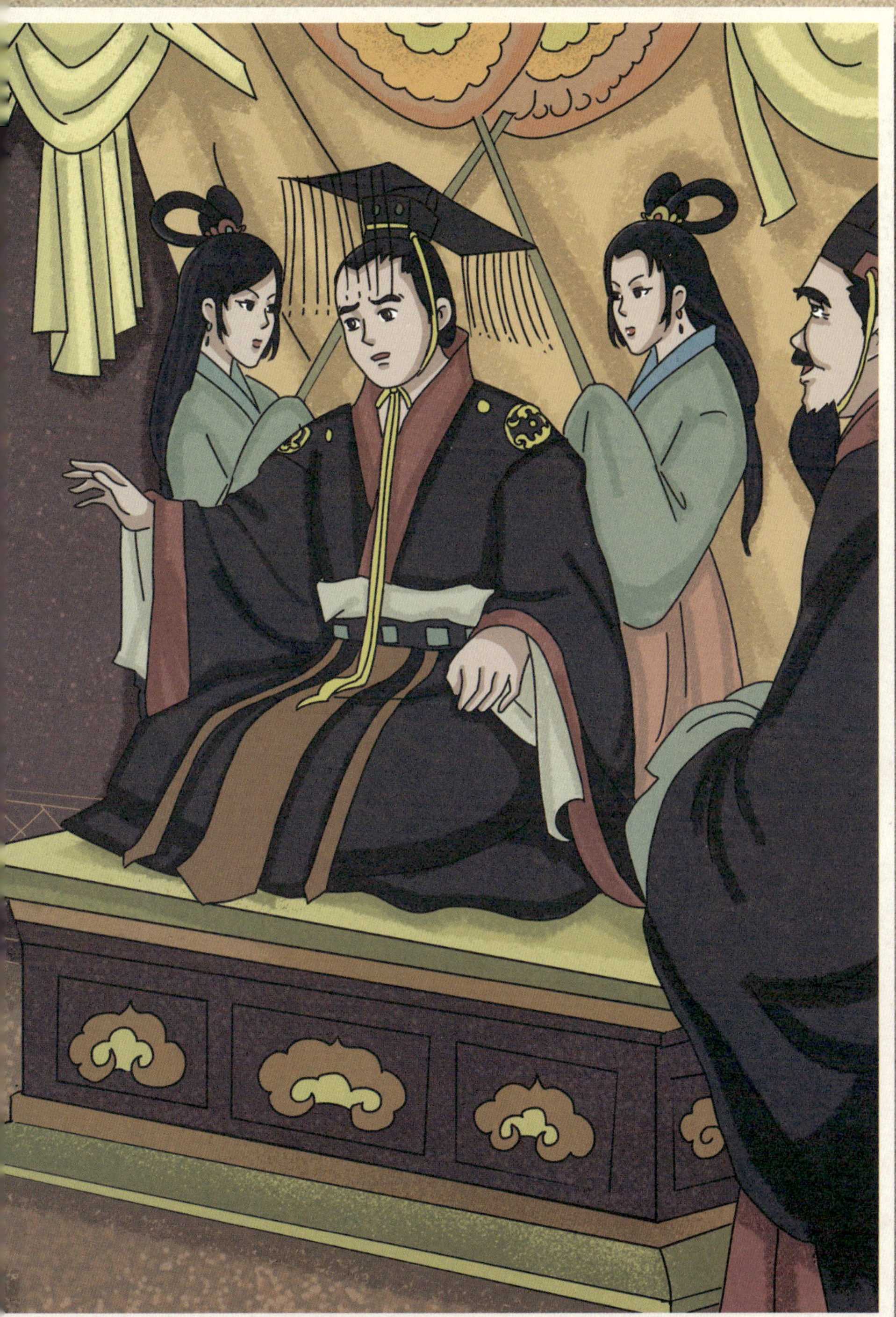

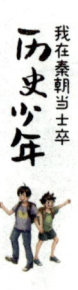

整我们的矛与戟，与君上阵杀敌。

谁说没有战衣？与君同穿裳衣。君王征师作战，修整我们的甲与兵，与君共赴国殇。

歌声低沉，仿佛在诉说着大秦铁骑的辉煌过往，以及一个从西方边陲狭小之地慢慢开拓、最终统一天下成为一个大帝国的秦族的艰辛历程和光辉业绩，如今，这份功业开始落幕，光环渐渐散开。歌者的语调悠远而激愤，让人为之悲慨。

子满感叹了几声，说："老哥，大秦要完，我这一路回来，天下已经大乱！"

我连饮了三杯酒，说："管不了那么多了，现在咱们要给蒙恬报仇，诛杀赵高！"

"一定要给蒙恬大哥报仇，想想我们一起智退春申君六国联兵的往事，历历如昨，怎么到了现在就人鬼殊途了呢？贼子赵高不得人心，他纵然杀了糊涂的二世皇帝，也不敢自立为帝，恐怕他还要寻找一个木偶人。"

"老弟，你所见不差！据老哥我分析，前一阵子，他怂恿二世把嬴氏宗族杀得差不多了，现在所剩的宗室子弟屈指可数，能够摆上台面的也只有一人，那就是公子婴。"

"公子婴？"

"公子婴是现在还在世的为数不多的宗室，我准备去找他，告诉他扶苏的遭遇，看能不能跟他合作，把赵高这厮除掉！"

"老哥，事不宜迟，还等什么？"

我们出了渭阳商社，七歪八拐，来到一处府邸。此处极为偏僻。我们左右张望，断定没人跟随，才上前敲门。一会儿，管家应门。

我一拱手，说："老伯，五大夫子六求见公子婴！"

老管家上下打量我跟子满，说了声"稍候"，往里面通禀去了。

不大会工夫，老管家出来，用苍老的声音说："子六将军抱歉，公子闭门谢客，外人一概不见。"说着就要关门，我一下子拦住，从腰中解下一把剑，交到老管家手中，说："烦请老人家再行通禀！"

很快，大门打开，公子婴亲自迎接出来。到了里面，公子婴急切地问："家父这柄短剑，将军从何而来？"

我叹了口气，就把长城之下，公子扶苏愚孝自杀一节跟公子婴说了。公子婴"哎呀"一声，险些栽倒。子满跟家人上前扶住，拍打前心后背，好一阵子公子婴才恢复常态。

公子婴眼中含着泪，说："家父对祖父一片忠贞，没想到竟然落得这样一个下场！"

我单刀直入，说："人死不能复生，殿下也不必过分伤心。当下之急要想办法除掉赵高，否则下一个死的人就是你！"

公子婴忽然起了警觉。

我解释道："殿下不要怀疑我们兄弟，我们跟蒙氏兄弟情同手足，蒙氏兄弟跟公子扶苏的关系，不用我多说。公子扶苏自杀，蒙氏兄弟双双蒙难，都是拜奸贼赵高所赐。如今，他又弑杀二世，打算自立为帝。他怕天下人不服，肯定会从宗室中选一个傀儡上台，他好大行操纵，过足皇帝瘾。殿下正是傀儡皇帝的不二人选，如不早作打算，恐怕将会死无葬身之地！"

公子婴悬着的心放下来，对管家说："让他们上来。"

老管家出去，一饮的工夫，一个宦官带着两个小子进来。两个小子走到公子婴面前跪倒，称"父亲"。宦官一脸忠实，先望着公子婴行了礼，又朝我们施礼。

公子婴指着那两个小子，说："这是我的两个儿子，"又指着那个宦官说，"这是心腹韩谈。大家都是自己人，如何除掉赵高，不妨畅所欲言！"

3

果然，赵高为了安抚天下人之心，不得不迎立公子婴为帝。

不过，他给自己留了一手——他为了将来能够对公子婴取而代之，以"六国故地相继起事，大秦已失去对整个华夏大地的控制权"为由，把公子婴的三世皇帝降级为秦王子婴。

他在咸阳宫大殿上恬不知耻地说："秦本来只是诸侯，始皇统一天下，所以才称帝。如今，天下大乱，六国各自独立，秦国地方更狭小，竟然以空名称帝，这样不行，应该像以前一样称王，才合适。"其实，他就是为了日后篡位做准备。

赵高还秘密接见了项羽的特使，双方约定：赵高灭掉秦国所有宗族，西楚国允许他在关中称王。密约一定，剩下来就是找机会除掉公子婴。

登基之日，赵高要求

公子婴朝见宗庙,并在宗庙接受传国玉玺。

公子婴有股不祥的预感,但又不敢推脱,只是说:"朝见宗庙,是非常神圣的事,得容寡人斋戒五日,再行朝见。"

赵高也不好再说什么,只得答应。

朝会散了,秦王子婴召来我跟韩谈计议。

秦王子婴把情况说了一遍。我跟韩谈正在猜测赵高葫芦里卖的是什么药。子满忽然急匆匆从外面进来,呼哧带喘地说:"得着了!得着了!"

秦王子婴一看子满那副狼狈相,不禁笑了——这或许是子婴自从得知父亲自杀后绝无仅有的一次开怀大笑,说:"子满将军,你这是何意啊?"

"大王,你哪里知道,我在渭阳商社赢了一大笔钱,我从来没赢过这么多的钱!"

秦王子婴兴致顿消，说："这就是你说的得着了？"

我上去给了子满一脚，严肃地说："这都什么时候了，你还有心情开玩笑。"

子满一吐舌头，开始说正经事："今天跟我赌石博苋的，是两个楚地人，那牛吹的，简直太不要脸了。说西楚霸王项羽简直是战神临凡，百战百胜，天下没有对手。还吹说很快西楚的起义军就要攻占咸阳，要改朝换代呢。后来越赌越大，我赢了他们大量钱财，他们一下子就没力气吹了。我假意又把钱还给他们。他们以为我够朋友，要跟我喝酒。酒过三巡，他们的舌头就没把门的了，告诉我一件机密之事。"

"快说，什么机密？你小子还学会渲染气氛了！"

韩谈劝说："子六将军莫急，让子满将军慢慢说！"

子满喘了口气说："这些人都是项羽差来咸阳秘密公干的，说是跟赵高秘密约定，让他杀光秦族宗室，项羽就答应他，让他做关中王！"

韩谈拍案而起："是可忍，孰不可忍！"秦王子婴也切齿痛骂。

我保持冷静，说："难怪赵高让大王去朝见宗庙，这是想趁机在宗庙杀害您，恐怕去朝见宗庙的还有嬴氏亲族的其他人，这是想一网打尽，用心何其阴毒！"

秦王子婴满脸凄苦："如之奈何？"

我冷笑一声，说："我们就来个以逸待劳。大王你派人通知赵高，就说斋戒不慎受寒，染病在身，赵高着急让您去宗庙，肯定会亲自来请，他要是敢亲自来，就趁机杀死他！"

秦王子婴担心说："赵高号称勇武，人高马大，不易制服，恐怕会失手，招来更大灾祸。"

子满霍然而起："大不了一死，不会再有更大的灾祸了！况且，到时候我跟我老哥殿后，截住老贼的逃路，韩谈大人从正面进攻，三人里外夹攻，老贼纵然肋生双翅，也必殒命当场！"

当时计谋议定了，就派人去通知赵高。

赵高开始派人来催促，后来果然亲自来请。

赵高来到斋宫，想带领甲兵闯进去，我跟子满带领一队羽林仗剑而立，高声喝道："大王斋戒，擅闯者杀！"

赵高迫于形势，也自信没人敢加害于他，就独自进入斋宫。我跟子满在后边紧紧跟随，手握住剑柄，随时拔剑出鞘。

穿庭过院，赵高来到斋宫大门，高声问道："朝见宗庙是国家大事，君上为何拖延不去？"

就见韩谈仗剑从斋宫里跳出来，横在赵高面前，厉声喝骂："狗贼，死期到了，还敢在此狺狺狂吠！还不受死，更待何时！"说罢，挺剑就刺！

赵高一见不好，转身下阶，打算逃窜，嘴里还喊："卫士何在？"

我跟子满怒眼圆睁："老贼，卫士在此！还不拿头来！"

赵高大惊，左冲右突都被我们拦住。

子满高呼："蒙恬大哥英灵不远，今天小弟给你报仇了！"

我们两个挥动宝剑，刺杀赵高。赵高左支右绌，慌乱之中，往斋宫门口方向逃窜，对面正迎上韩谈刺出的剑锋，当场就听"咔嚓"一声，韩谈的宝剑刺入赵高的胸膛，老贼两眼一翻，口吐鲜血，气绝而亡。

此时距离秦王子婴继位不过短短五天。

第14章
霸王一炬

①

假如——我说的是假如——假以时日，秦王子婴一定是个不错的皇帝，宽仁爱民，能够纠正始皇帝和二世之偏，把大秦这辆滚滚巨车驶入正轨。可惜，历史容不得假设。时代的铁骑没有留给他任何时间，就在他诛杀了赵高，想要重整河山的时候，刘邦的军队已经攻破武关，拿下峣关，进逼咸阳，屯兵霸上。

刘邦与关中父老约法三章：杀人者死，伤人及盗抵罪。三章相比于烦苛繁复的秦法简单明了，易于施行。关中父老深受秦法迫害，得知秦法被废除了，纷纷带着粮食和酒肉来犒劳刘邦的军队。秦朝的官员看出秦朝的大势已去，也大多投入了刘邦的麾下，背弃了秦王子婴。

刘邦知道子婴宽仁，就派人入咸阳劝降。子婴深知回天乏术，便让人把自己和妻儿绑缚起来，坐上由白马拉着的车，身着死者葬礼所穿的白色装束，并携带皇帝御用的玉玺、兵符等物，从轵道亲自到刘邦军前投降。

刘邦受降后，大将樊哙力主杀掉子婴，免留后患。刘邦却认为，秦朝虽然无道，但对秦宗室怀有深深感情的人还比比皆是，如果杀掉子婴就会丧失这些人的人心，并引起咸阳百姓的不安。于是，他派人把子婴看管起来，并没有杀他。

至此，秦朝灭亡。子婴仅在位四十六天。

刘邦大军进入咸阳城，官兵秋毫无犯，赢得了咸阳百姓的人心。刘邦派萧何到咸阳宫清理物资、图籍、珍宝，把珍宝放到咸阳宫的大殿前，任人取用。

当时的咸阳乃是天下旋涡风暴的中心，起义的军队都以进入咸阳为己任。刘邦前脚进咸阳，后脚项羽的楚军就杀到了。

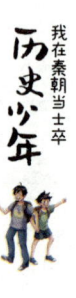

项羽可不是刘邦。项氏是楚国的贵族,秦朝灭亡了楚国,让他的家族失去了特权地位,又杀了他的祖父项燕以及他的叔父项梁,国仇家恨都让他发誓与秦族宗室不共戴天。因此项羽进城第一件事,就是把子婴找出来,不由分说把子婴给杀死了。

这还不算,为了发泄对秦朝的不满,项羽决定火焚咸阳宫。不过在焚烧宫殿之前,他还要纵兵抢掠几日,这跟刘邦的秋毫无犯形成了鲜明对比。

火焚咸阳宫的消息传出,咸阳百姓惶恐至极,扶老携幼,仓皇逃亡。

我跟子满在府中,追忆大秦帝国曾经的荣光。我们在手里把弄着始皇帝赐予的石博荓,耳畔响起当初始皇帝让我们分赴塞北岭南时候的殷殷嘱托,心里很不是滋味。

项羽先是杀了始皇帝的孙子子婴,现在又要烧掉始皇帝的宫殿,我跟子满绝对不能坐视不管。

子满摩挲着石博荓,突然决绝地说:"老哥,别胡想了,既然我们敢在大商为妇好圆梦,我们就敢在大秦保卫始皇帝的宫殿!"

望着老弟一脸的真诚,我还能说什么:"干吧!但是项羽大军压境,我们只能智取,不可蛮干!"

2

咸阳百姓逃难的很多，但仍有故土难离的，死也要死在这块深沉的土地。其中就包括受过秦国、始皇帝恩惠的一些老人，退休的羽林郎、卫尉、官骑、骑郎等。我让子满把这些故旧老人召集起来，约到渭阳商社商量大事。

现在整个咸阳，只有渭阳商社因为聚集了全国各地的客商，而没有被停止营业。

我们订了一个隐秘的包间，交代老板放风瞭哨，有楚军过来赶紧通报。

落座后，我打量诸位旧同僚，俱老矣，脸上被岁月霜染，皱纹横生，但老秦人那股子烈劲还在，动辄还能骂娘，还能饮烈酒，唱秦曲。

我无限感慨，说："各位老哥哥，久别重逢，话语无限。但今天不是扯家常的时候，问候的话留待将来再说吧！"

一个老羽林朗声说："子六将军——现在称您一声将军，应该不为过了吧，匆匆数十载，咱们都是雪染双鬓，垂垂老矣，但无论到了什么时候，咱们都记得，这爵位是始皇帝封的，这俸禄是始皇帝赏的，这条老命虽不值钱，可也得死得其所！"

在座的人无不慷慨激动，都显出一副不服老的劲头。

我端起酒杯，一饮而尽，烈酒入喉，浑身热火，说："如今，有人要烧始皇帝的宫殿，要烧我大秦的宝藏，我们该如何办？"

老卫尉一拳砸在桌案上，厉声说："咱们不答应！"

"对！咱们不答应！豁出咱们这些老命，也要保卫咸阳宫！"

我又劝他们喝了几杯，说："项羽的军队攻无不克，战无不胜，就凭咱们这几个老家伙，就算把骨头砸碎了也无济于事。"

"子六将军，你说怎么办？我们都听你的！"

"如今之际，只好动员我们身边的亲朋故交，让他们再去动员他们身边的亲朋故交，就像投石入河，波浪一圈一圈扩展，把人越集越多，多多益善，我们也不拿武器，只拿水桶、水瓢、舀子、铁锅、铁盆、瓷碗、陶瓮，凡能盛水之物，都拿出来，项羽要烧咸阳宫，我们就带领人们从附近的渭水河汲水，你点一处火，我浇一处水，纵然救不了整个咸阳宫，也要能救多少就救多少，那可是咱秦人的精神寄托，要是咸阳宫没了，大秦可就真的完了！"

"只是亲朋故交逃难者太多了，如之奈何？"

"项羽目前正在抢掠咸阳城的财宝，估计没个十天八天的抢不光，趁此机会，赶紧通知逃难的人返回咸阳，这里有咱们的祖宗坟茔，有咱们的产业经营，咸阳在则家在，咸阳亡则家亡，这个道理难道他们不懂吗？"

"好，回去之后我们就开展联络，到时候得到项羽要烧城的信儿，我们先到渭水河边准备着，他们动火，我们就引水！"

大家说得慷慨激昂，心中有怀着无限的追忆和豪情，纷纷唱起了老秦曲：

交交黄鸟，止于棘。谁从穆公？子车奄息。维此奄息，百夫之特。临其穴，惴惴其栗。彼苍者天，歼我良人！如可赎兮，人百其身！

交交黄鸟，止于桑。谁从穆公？子车仲行。维此仲行，百夫之防。临其穴，惴惴其栗。彼苍者天，歼我良人！如可赎兮，人百其身！

交交黄鸟，止于楚。谁从穆公？子车针虎。维此针虎，百夫之御。临其穴，惴惴其栗。彼苍者天，歼我良人！如可赎兮，人百其身！

用现代的语言来唱，就是：

啾啾黄鸟鸣声哀，枣树枝上停下来。是谁殉葬从穆公？子车奄息命运乖。谁不赞许好奄息，百夫之中一俊才。众人悼殉临墓穴，胆战心惊痛活埋。苍天在上请开眼，坑杀好人该不该！如若可赎代他死，百人甘愿赴泉台。

啾啾黄鸟鸣声哀，桑树枝上歇下来。是谁殉葬伴穆公？子车仲行遭祸灾。谁不称美好仲行，百夫之中一干才。众人悼殉临墓穴，胆战心惊痛活埋。苍天在上请开眼，坑杀好人该不该！如若可赎代他死，百人甘愿化尘埃。

啾啾黄鸟鸣声哀，荆树枝上落下来。是谁殉葬陪穆公？子车针虎遭残害。谁不夸奖好针虎，百夫之中辅弼才。众人悼殉临墓穴，胆战心惊痛活埋。苍天在上请开眼，坑杀好人该不该！如若可赎代他死，百人甘愿葬蒿莱。

这首歌词原本说的是，秦穆公死前想让群臣和他同赴黄泉，一次与群臣饮酒，趁大家喝得昏头昏脑时说："咱们君臣，生时同乐，死后也要同哀呀。"而奄息、仲行、针虎三个大臣当场表态，愿随他共死。后来穆公死了，殉葬者多达一百七十七人。其中奄息、仲行、针虎三兄弟也依诺随之殉葬而死，这三兄弟是秦国的猛士、贤者，人们哀悼他们，于是创作了这首挽歌。

这些老人的歌声虽然显得苍老悲凉，但却表达了他们愿意跟大秦共存亡的英雄气概。

子满豪气冲天，把酒发誓："咱们也要学奄息、仲行、针虎这三位贤良，誓与大秦共存亡！"

"誓与大秦共存亡！誓与大秦共存亡！"

③

项羽终于要动真格的了，在把咸阳城劫掠一空之后，他布置军队开始准备焚烧咸阳宫。

可是楚军诧异地发现，当他们把助燃的材料运往咸阳宫的时候，数不尽的咸阳父老扶老携幼，手里拿着盛水的容器，早早地等候在渭水河边。

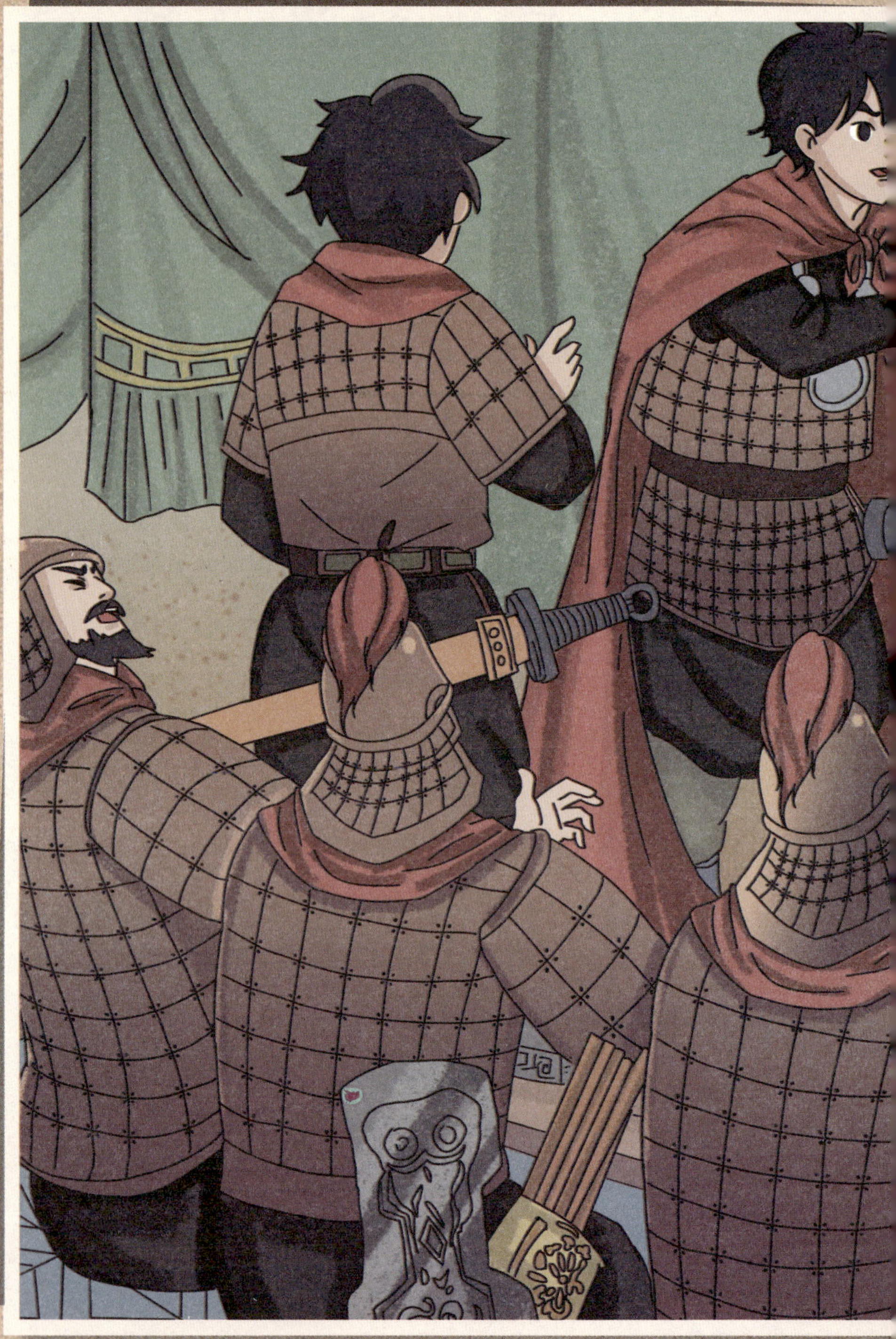

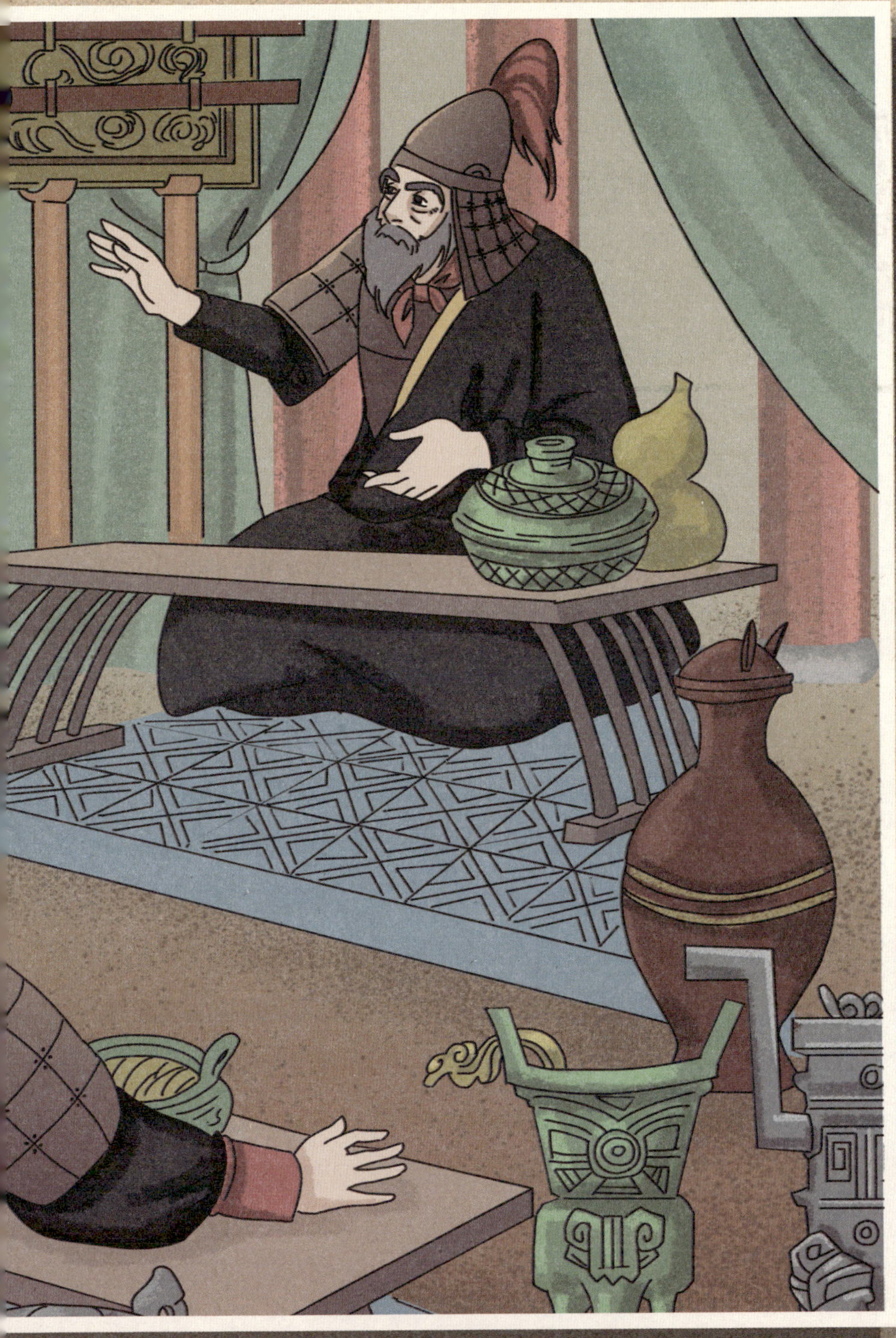

有人去禀报项羽。煊煊赫赫的西楚霸王骑着乌骓马奔驰至渭水河畔,看见最起码也得有数万百姓擎着水器等着汲水救火,而且不远处还不断有百姓往这边涌来。

乌骓马不住地原地盘桓,项羽勒紧缰绳,气急败坏地说:"就是全咸阳城的老百姓站满渭水河,阻断渭河水的水流,也挡不住我放火烧宫!"

老百姓中有一个须发皆白的老人站出来——一看就知道是个德高望重的族长,向着项羽施礼,说:"大王,您威名盖世,为什么不放过这几处宫殿呢?难道您坐了江山不需要宫殿吗?这广袤的咸阳宫乃是大秦数代先王筚路蓝缕开创而来,一旦用火烧掉,让我们这些后人何以面对先人?求大王开恩,收回成命!"

项羽更加大怒,让人把老人拿到近前,呵责说:"你们现在已经沦为遗老遗少,有什么资格对我指手画脚?快说,是谁指使你们这么干的?"

老人一拍胸脯:"这都是我们自发的,谁人会来指使?"

项羽冷笑说:"听说刘邦入城,你们又是好吃又是好酒的招待,本王来了,就自发站到这里示威了?难道我是三岁小孩吗?快说,否则我让你生不如死!"

老人仰天大笑:"老朽空活百岁,兴旺盛衰见得多了,你方唱罢我登场，死有何惧？"

项羽怒不可遏，一抬手，一马鞭抽在老人的身上。项羽号称霸王，手里有万钧之力，老人如何扛得住，只一鞭便倒在地上，口吐鲜血。项羽不解气，吩咐卫士继续鞭打老人，打得渭水河边的秦人无不激愤，纷纷摩拳擦掌，准备跟项羽拼了。

我跟子满，连同那些老同僚，实在看不下去了，从人群里站出来，指着项羽骂道："项羽，你算什么英雄好汉，竟然对手无寸铁的老人下此毒手？赶紧住手，主意是我们出的，就是阻止你烧咸阳宫！你这样恶劣的行径，比二世皇帝又差多少？你一意孤行，天下人岂能服你？"

一席话说得项羽三尸神暴跳，差点把牙咬碎，放狠话说："马上点火烧宫，胆敢汲水阻拦者，杀无赦！我连秦王子婴都敢杀，何况你们这些无名百姓！"

楚军得了命令，点燃了早已铺排

好的燃料，当时正刮着南风，火势借着风势，呼啦啦烧起来，火堆中发出噼啪噼啪的声响，一股浓烟冲天而去。从秦孝公时代就谋划创建的一座都城竟然被项羽付之一炬。

秦人满怀激愤，都豁出去了，火势一起，都冲上岸去，汲水去救火。楚军得到许可，对于接近宫殿和大火的秦人大加屠戮，瞬间尸横遍野，哀号遍地。有的秦人突破防线，到了救火的一线，可是火势吞天，绝非一瓢一壶所能救。后来，火势越烧越大，连近前都去不得了。

秦人在无尽的无奈和绝望中，望着故国的首都在火魔的吞噬中，一点点倒塌，化为灰烬。他们在渭水河岸放声一哭，哭声火势为大秦帝国的生命画上了凄美的句号。

据说，大火烧了三个月才止，把秦国历代积累的财富和修建的建筑全部烧为灰烬。

这里有一点需要指出的是，有的史料记载，说项羽火烧的是阿房宫，其实不是的，阿房宫作为一项浩大工程，直到秦朝灭亡还没有修完，现代的考古证明，阿房宫遗址下面没有焚土的遗留，反而是咸阳宫遗址的下面发现了大量的焚土，这足以证明项羽火烧的是咸阳宫，而非阿房宫。

第14章 霸王一炬

项羽并没有忘记我们这些"始作俑者",把我们拘押在渭水河边,让我们眼见着咸阳宫如何被烧成一堆瓦灰,让我们亲眼见证"雄美的咸阳城"如何在火海中终结。咸阳宫在着火,我们的心在滴血。

都说始皇帝残暴,二世残暴,在我们看来,他们都不如项羽残暴。难怪他后来败在刘邦之手,或许冥冥中早有征兆。

第15章
尾声

许多年之后，面对浩瀚如烟的史册，我跟子满将会想起，咸阳大火之后项羽把我们装进笼子浸入渭水河的那个遥远的上午。

大火之后，项羽决定判处我们浸水之刑，就是用咸阳特产的漆树做成木笼，然后把我们装进木笼，沉到渭水河里，上面用绳子系在河桥上，让我们活活淹死，死后还不能顺水漂流，还要捞起来在咸阳城里示众。

项羽的意思很明显，你不是想用水救火吗，好，我就用水杀死你！

一天上午，劫后余生的咸阳百姓站满了渭水河两岸、河桥上下左右，来为我们送行。

楚军押着被咸阳大火烤了三个月的我俩，来到渭水河桥。桥上放着几个大木笼子，都是新做的，裸露的漆树原木还散发着木叶特有的清香。

一个凶神恶煞般的行刑队的队长过来，让人扒去了我们的外衣，给我们换上白色的囚衣——囚衣洁白胜雪，胸前绣个"囚"字，后背是个"秦"字。我们作为秦囚受刑，也算死得其所。

换好囚衣后，我们被装入木笼，然后用钉子把木笼钉死，再用绳子绑个结结实实。

在绑的过程中，我跟子满说："老弟，看来这次是永别了。咱们哥俩从公士发迹，如今做到五大夫，从一个无名士卒，如今成为独当一面的将军，大秦待咱们不薄，始皇帝待咱们不薄！制俑修陵皆成梦幻，塞北岭南宛若云烟，俱往矣！咱们还有什么遗憾呢？不要怕，老弟，想想上一次咱们怎么死里逃生的，我觉得眼下未必不是一次新的历险。"

这时候，行刑队长喊了一句："放！"

几个壮汉过来，抬起木笼，越过渭水河桥的栏杆，猛地朝河面扔下。

我顿时感到天旋地转。

子满大声疾呼。河水顺势灌入他的口中。我一看不好，疾呼老弟，"子——满——"嘴刚一张，河水也猛灌进来。

不知过了多久，当阳光再次射入我们眼帘的时候，我们光着身子躺在一片广袤的草原上。一群骏马在我们周围安详地吃着草，我们身边横着两条杆上绘着云纹的马鞭。

欲知后事如何，且看《历史少年——我在汉朝当马夫》。

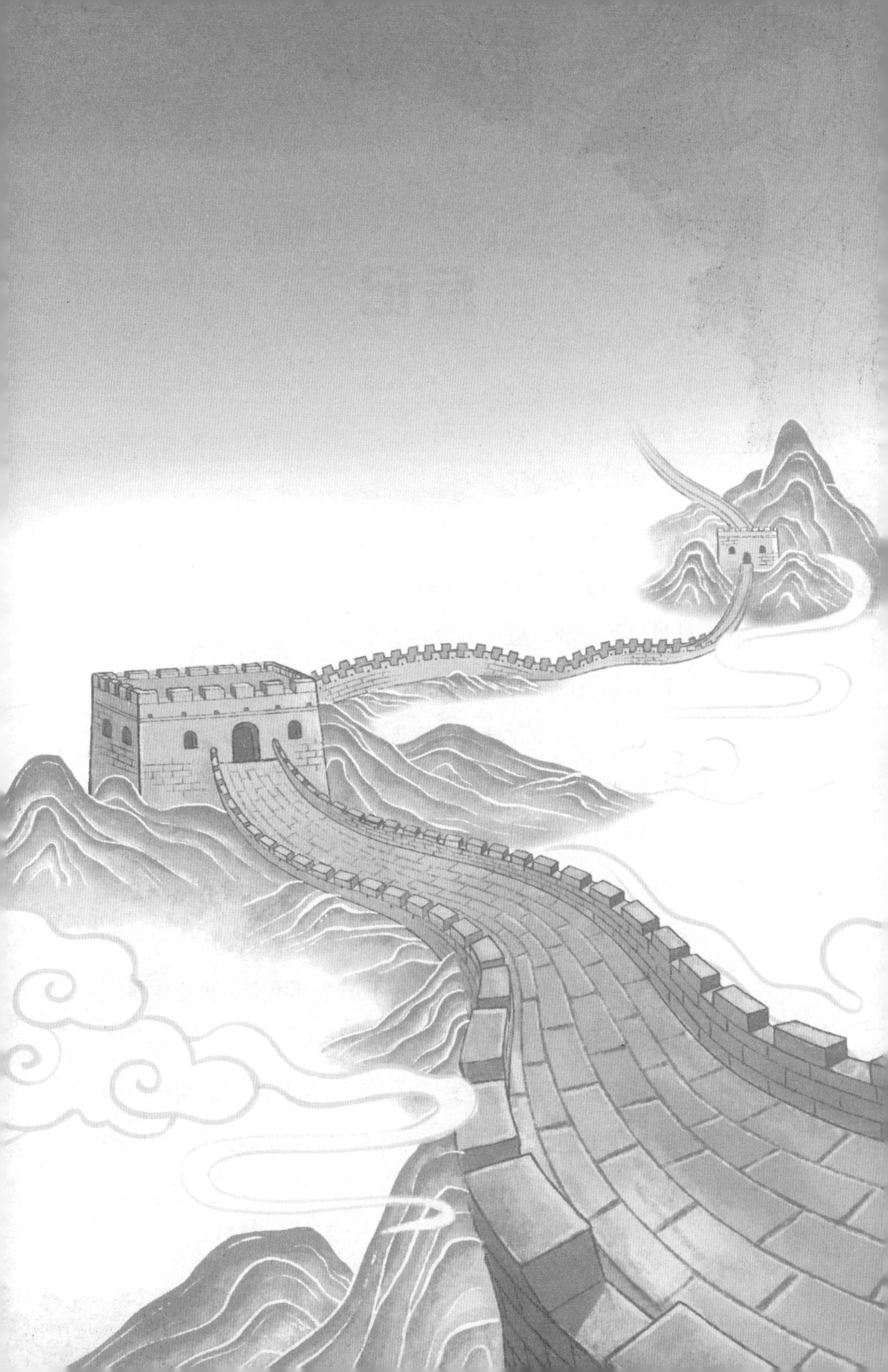

后记

秦朝真的很"短"命吗?

这要看怎么说了。

要说秦朝的国祚,从秦始皇统一六国,到秦王子婴被项羽杀害,前前后后也就十四年,放到五千年的历史长河中,不过是昙花一现,短得可怜。

但秦朝所创立的政治制度,在它灭亡后的两千多年里依然得到传承,生命力异常的强大和富有韧性,从这个角度来看,秦朝短命的说法值得商榷。

秦朝虽然被后世称为"短命王朝",但是它的影响力却是任何朝代也无法超越的。有一种说法,叫汉承秦制,其实承秦制的又何止汉?三国两晋南北朝,隋唐五代宋元明清,哪一个朝代不承秦制?纵然不是全部承秦,也必定是大部分承秦,身上总难免有秦朝的基因和烙印。

不是有那么一句诗吗:百代都行秦政法。秦朝是中国统一的封建王朝的起点,其所期创立的各项制度,深刻影响了后来两千年的漫漫历史。

这样一来，秦朝还短吗？

汉代大学者贾谊在他的《过秦论》中说，"及至始皇，奋六世之余烈，振长策而御宇内，吞二周而亡诸侯，履至尊而制六合，执敲扑而鞭笞天下，威震四海"，可以说是一语中的，秦朝这朵亮丽的花正是"六世余烈"这块沃土滋养出来的。

所谓"六世余烈"，指的是始皇帝的六位祖先：孝公，惠文王，武王，昭襄王，孝文王，庄襄王。没有这六位先王的垫场，秦朝这出压轴大戏还真演不成。

孝公任用商鞅变法，让秦国摆脱穷困苦弱的状况，走向强盛。

本书中一再提及商君变法，就是因为这场变法对秦国来讲太重要了，甚至可以说，没有商鞅变法就没有后来的秦朝统一。而且，即便是秦朝完成统一后，所谓的"书同文、车同轨"，统一度量衡，实行郡县制等等，都无非是商鞅变法的扩大版。李斯站在巨人的肩膀上，把整个秦朝的力量都调动起来，说起来不过是步前人之辙。

本书中的子六、子满由军功发迹，也是有着深刻的历史渊源。商鞅在秦国变法，最重要的一条就是军功授爵，一改之前只有宗室贵族才可授予爵位的旧制。

商鞅大刀阔斧，让平民也可以凭借军功获得爵位，杀敌越多，爵位跃升得越快，只要你肯在战场上出力。

但是，秦朝毕竟是一个封建王朝，其属性决定了平民阶层上升的通道极其有限，而且和贵族阶级有着不可逾越的鸿沟。所以，在小说中，子六和子满纵然是立下不少奇功，也仅仅获得了"五大夫"的爵位——在秦国二十级爵位中，五大夫爵处于第九级，正是不上不下中等的爵位，这可能是平民所能企及的最高爵位了。

商鞅算是两头兼顾，平民能够有九等的升级空间，已经是能够激发出来的能量，仿佛一支"兴奋剂"注入秦国的机体，一下子开启了高效运转的模式，帮助秦朝统一六国。

尽管变法获得了成功，商鞅最后还是受到处罚，被车裂而死。不过，商鞅虽然惨死，可是他的法令制度却得到传承，并且是优秀的传承，甚至可以说是发扬光大，这个人，就是惠文王。

　　车裂商鞅的是他，把商鞅的法治精神发扬光大的也是他。他任用张仪、樗里疾和司马错，北伐义渠，西平巴蜀，东出函谷，南下商於，把秦国统一六国的大势更推向前。

　　接踵而来的武王、昭襄王两兄弟，继续在商鞅奠定的轨道上加速行驶，秦军东出函谷关成为家常便饭，攻城略地，不断扩张，使得六国为之胆寒。

　　昭襄王在位五十多年，期间任用白起为将军，先后战胜三晋、齐国、楚国，攻取魏国的河东郡和南阳郡、楚国的黔中郡和郢都。发动长平之战，大胜赵军。攻陷东周王都洛邑，俘虏周赧王，迁九鼎于咸阳。

　　孝文王在位三天就去世了，唯一的贡献就是选择庄襄王作为继承人，否则的话，就没有秦始皇什么事了。

　　庄襄王是秦始皇的父亲，在位三年，最大的贡献是灭掉了东周，截断了东方纵横的通道，为始皇帝纵横捭阖，提供了绝佳的时机。

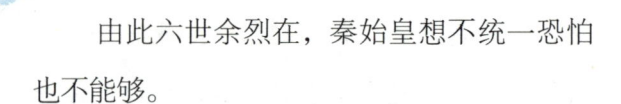

由此六世余烈在,秦始皇想不统一恐怕也不能够。

好比是一块花圃,地浇了,土翻了,苗播了,肥追了,草锄了,时候一到,花自然要开放。又好比一出大戏,前面几场都铺垫好了,锣鼓敲得密不透风,就等着压轴大戏上演,更何况秦始皇嬴政雄心万丈,把列祖列宗的努力分毫不差地转化为光耀千古的胜利果实。要不是他有点玩过头了,也不会给后世留下一个"短命王朝"的印象。

本书中所写始皇帝统一六国后,修筑帝陵、咸阳宫和阿房宫,又北筑长城以防匈奴,南凿灵渠以抚百越,着实是始皇帝不珍惜来之不易的胜利成果的表现。不断地大兴徭役,让老百姓疲于应付,最终苦困不堪,不得揭竿而起。

最后,大坝将溃,大厦将倾,长城将崩,两个小小的屯长,也就只能管理五十个人,振臂一呼,"一夫作难而七庙隳,身死人手,为天下笑",造成短命之秦,贻笑千年,让人为之心痛。

假如老天再给始皇帝一次重来的机会,他还会这么做吗?

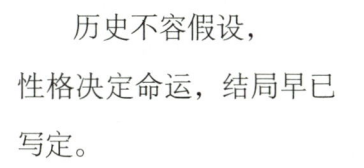

历史不容假设，性格决定命运，结局早已写定。

　　悲惨的结局在他最不可一世的时刻已然奠定，短促的命运在他迷信长生并幻想万世一系的帝王梦中早已埋下伏笔。

秦朝穿越指南

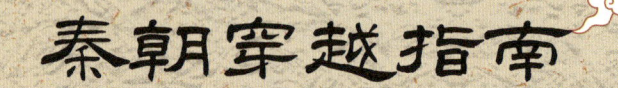

秦始皇灭六国后，终于结束了战国时代常年乱战的局面，建立了第一个统一的中央集权国家，设郡县废分封，统一文字统一度量衡，让中国文化真正地融合。但是这个王朝也仅仅十五年就被刘邦、项羽的起义军给灭了，所以一提到秦朝，有些人也会想起史书中充斥着各种恐怖传闻的"虎狼之国"，律法严格，百姓苦不堪言。事实真是这样吗？真实的秦朝人民生活是怎么样的呢？

秦朝的文字

　　如果你穿越到秦朝，最重要的事情就是你要学会用它的文字，说它的语言，否则一定会寸步难行，饿了连吃什么都说不清，只靠比比画画的话，估计是填不饱肚皮的。

　　秦朝的文字被称为小篆，是继甲骨文之后最重要的书体。

　　关于小篆的起源，来自一个非常有趣的故事。相传秦始皇统一中国后，颁布诏书，向各地招募五十匹战马，可是却因为文字上的不统一而是诏令无法完成，秦始皇一怒之下，便让李斯等人进行"书同文"的工作。

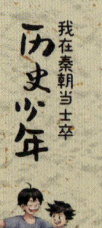

李斯是秦朝小篆书家的代表人物，也是小篆最终得以形成的关键人物。他以战国时候秦人通用的大篆为基础，吸取齐鲁等地通行的蝌蚪文比画简省的优点，创造出一种形体匀圆齐整、笔画简略的新文字，称为"秦篆"，又称"小篆"，作为官方规范文字，同时废除其他异体字。

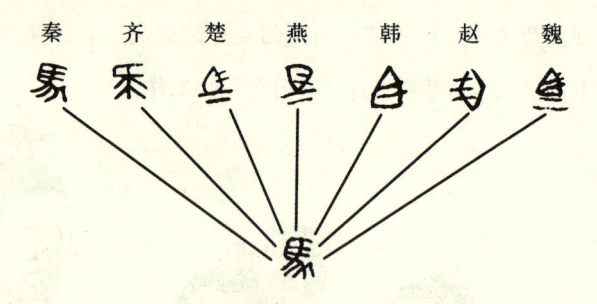

秦　齐　楚　燕　韩　赵　魏

马

据传，当时有一位叫程邈的衙吏因犯罪被关进云阳的监狱，在坐牢的十年时间里，他对当时字体的演变中已出现的一种变化，进行总结，创设了另外一种新字体，即是"隶书"。隶书打破了古体汉字的传统，奠定了楷书的基础，大大提高了书写效率。

小篆与隶书并存，成为秦朝文字的典型特色。

秦朝的普通话

秦朝时期的普通话称为雅言。

雅言，其实就是从夏商就开始使用的一种通用语言，历史长达一千五百年。

自古以来，中国就重视语言的统一，于是出现了雅言——古代的普通话。其音系为上古音系，至今已无方言可完整对应。据史料记载，我国最早的雅言是以周朝地方语言为基础，周朝国都地区的语言为当时的全国雅言。

公元前770年,周平王迁都洛邑,自此,洛邑的语言就成了整个东周时期雅言的基础。秦汉时期雅言经过朝代统一逐渐成形完善,成为官方语言。

想当年,长平之战,我们歼灭秦军三十万大军!

吹牛!

秦朝的衣着

不要被电视剧里华丽的仿古服装所迷惑,秦朝的穿着会让你大跌眼镜。从头到脚穿什么戴什么,在秦朝都不是随意的,而是有着严格的等级区分。

首先，黔首（普通老百姓）是没权利戴冠（帝王和贵族的特权），只能用一块黑布将头发束起，因此才被称为"黔首"。

　　其次，服饰上，秦朝继承了商周上衣下裳的模式，一般百姓穿的衣叫作"襦"，而裳则大多类似现在的半身裙。有时候，裳的里面通常还会穿上"裈"，类似现在的短裤，一般不过膝。另外，袍子出现了。袍是一种通体相连，大襟窄袖、长度过膝的服饰，通常还会配以腰带。最后，秦朝人的鞋子款式多样，有履、舄、屐、靴、屦等。履是丝制的单底鞋，黔首是不能穿的。舄是带有木底的鞋，通常用于需要久立的礼仪场合或行走泥湿地时。屐是带有木齿的木屐，屦则类似现代的草鞋。靴是筒靴，与现在的靴子很像，一般在骑马时才穿。

秦朝的饮食

秦朝人的餐桌较之先秦时期丰富起来,五谷和五蔬都为寻常可见的食物,而且烹调方式多样,风味上也充满了选择性。

五谷是稷、麦、菽、黍、麻,但以小米为主。

五蔬是葵菜(冬苋菜)、藿菜(豆苗叶)、薤(藠头)、韭菜和小葱。此外还有瓜和野菜。

至于肉食类,秦朝是不能吃牛肉的,因为牛的使命是耕田,杀一头牛则必然损失耕种的效率,因此随便杀牛在秦朝是犯法的。富人家可以吃到羊肉,普通人家想吃一顿羊肉可就大为破费了,恐怕难以支撑。不过还好,还有各种禽畜,像鸡、狗、猪等,可做补充。想吃野味,没关系的,只要你打猎技术过硬,就可以进到山区或湖泊河流,打些兔子、野猪、野鸡、蛇、鹿、豹等,或捕捞鱼虾蟹等

解馋，不过也要遵守秦朝的《田律》规定。

　　有了食材，当然要想方设法地烹调出来，以满足口腹之欲。秦人烹调的方式有以下几种：炙、炮、煮、蒸、煎、脍、渍、醢、脯、熬、羹等。比较简单，也没有什么特别的作料。如果现代人真的穿越去秦朝，可能吃不习惯的。

客官，栗子面的窝窝饼来喽！

又是粗粮，我好怀念大白馒头。

秦朝的住所

历史少年 我在秦朝当士卒

　　秦朝的城里人居住在"里巷",整个里巷是封闭式结构,有专人负责早晚开闭里门和日常维护治安的工作。里门又叫"闾",闾左就是居住在里门左边的居民,往往享有一定的特权,比如说不用服役等,闾右就没有这样的特权了。里巷中的住宅呈条状分布,每条之间都留有巷道,住宅区外有垣墙环绕,将住宅区与外界隔成一个独立的空间。

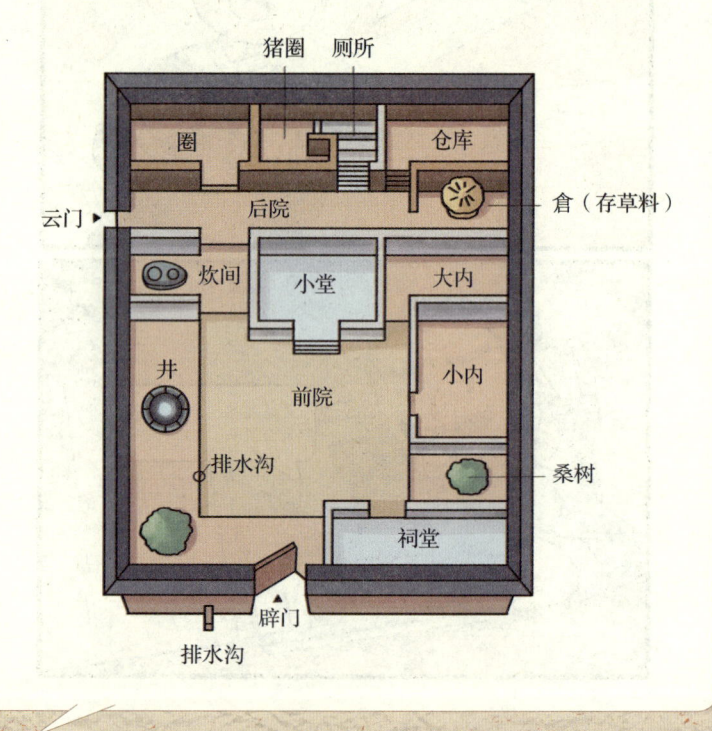

猪圈　厕所
圈　　　　仓库
后院　　　倉（存草料）
云门▶
　　炊间　小堂　大内
井　　　前院　小内
　　排水沟　　　桑树
　　　　　　祠堂
　　　　辟门
排水沟

里巷里的住所是让人羡慕的别墅风格，院前普遍植有桑树，还有自家打的水井，院后有猪圈和厕所。每家除了主室之外，都有私家粮仓和用来祭祀的祠室。

秦朝的出行

秦朝的道路超乎想象的发达。

出现了驰道——最早的国道，以当时的首都咸阳为中心通往全国各地。

著名的驰道有9条，有出高陵通上郡的上郡道，过黄

河通山西的临晋道，出函谷关通河南河北山东的东方道，出今商洛通东南的武关道，出秦岭通四川的栈道，出陇县通宁夏甘肃的西方道，出今淳化通九原的直道等。

秦驰道宽五十步（约今六十九米），隔三丈（约今七米）栽一棵树，道两旁用金属锥夯筑厚实，路中间为专供皇帝出巡车行的部分。驰道上行车的速度能达到每小时二十五至三十公里，这样的速度在当时还是相当快的。可以说是当时

世界上最快的"高速公路"。除了"高速路"，秦朝最基本的道路叫作五尺道，如同今天的城市道路一样，是人们出行的基础设施。

　　秦朝的水路也四通八达，当时开凿的灵渠连通了长江和珠江两个水系，不仅使货运变得通畅，秦人的水陆交通也便捷起来。秦人的交通工具，大多为马车，还有乘舆。马和马车是当时最主要的交通工具，只有皇帝或者贵族才有权力和财力乘坐马车，肩舆是一种肩抬的座椅，类似于轿子，也是贵族的专属。普通老百姓只能步行、骑驴或坐牛车，但在耕牛稀缺的年代，牛车也不多见。

秦朝的"身份证"

　　你或许认为穿越回古代可以想当然的"自由"，想去哪就去哪，没人会管。你可是大错特错了，单说秦朝，你想去哪真不是你能决定的。你去到任何一个地方，都要有"身份证"才行。秦朝施行严格的人口流动、迁徙和管理政策。没有证件的游民将受到严厉惩罚，即便是本国人，出入关卡，四方游历，都要有符、传（类似秦朝的"身份证"），否则无法过关，甚至会遭到逮捕。这可不是危言耸听。当年大改革家商鞅在秦孝公死后，想逃出秦国，结果就是因为没有身份证而被旅馆老板举报，最后被逮捕回国，车裂而死。因此，如果你穿越过去而身份不明，在秦朝连半天都混不了，除非你愿意充当无休无止的劳役，要不然就得在监狱中了此一生了。总之，秦朝有风险，穿越需谨慎！